So stellen Sie Ihre
neue Kommode

目次

第一章

夏の終わり、ある家族の出産を撮りに行った。その一家には2歳の息子さんがおり、私が撮るのは第二子出産の風景だった。連絡を受けて駆けつけたときは、すでに息子さんをご実家に預けていて、まだ弱い陣痛を進めるために夫婦で散歩しているところだった。見慣れていた3人の風景と違って、夫婦2人だけなのは、少し変な感じがした。でも、撮り始めると、最初はこんな2人から始まったんだと思えてきた。2人から3人、3人から4人へ、新しい家族になっていく。

ひとつのものがたり

それは、どこにでもある家族のものがたり
けれど、ただひとつのものがたり

「けっこう痛くなってきた」

「そろそろ病院に戻ろうか」

2

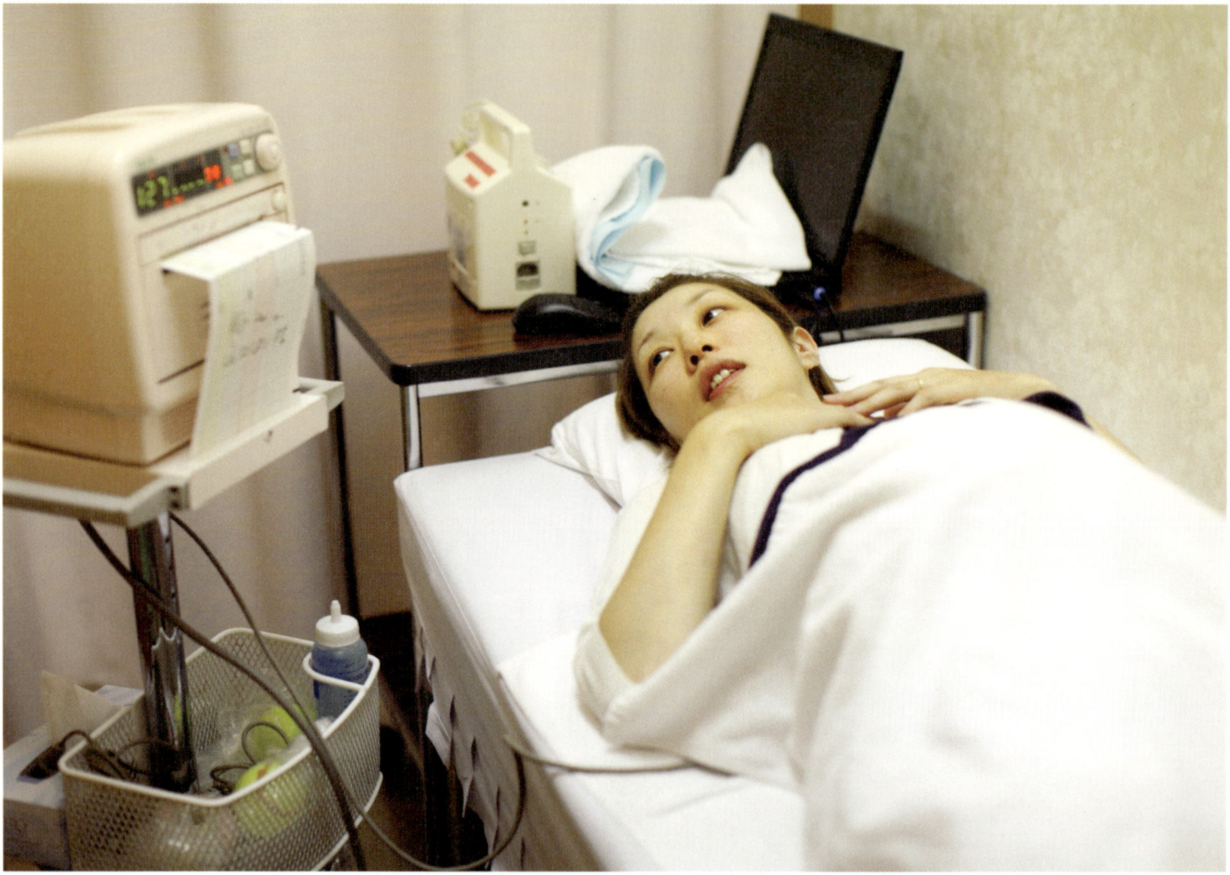

10
5

「まだ陣痛が弱くて。
だから、やりたいことやってきていいって」

「どうしようか」

「家に帰りたい。
顔洗って、
シャワーあびて、
歯みがきしたい。
あの子の顔が見たい」

「ちゃんと寝られたかな？」

「ばあばが一緒に寝てくれてると思うけど」

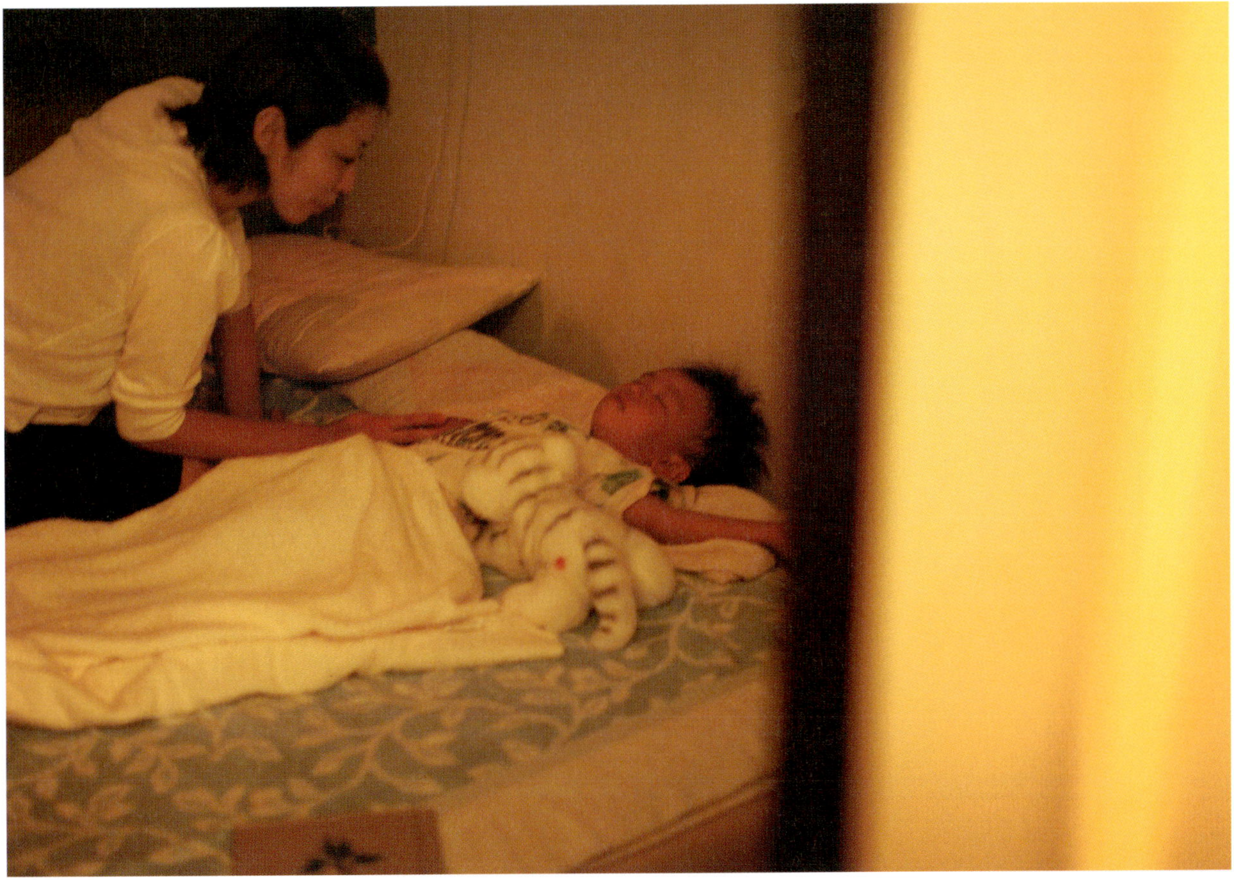

「そろそろ、行こうか」

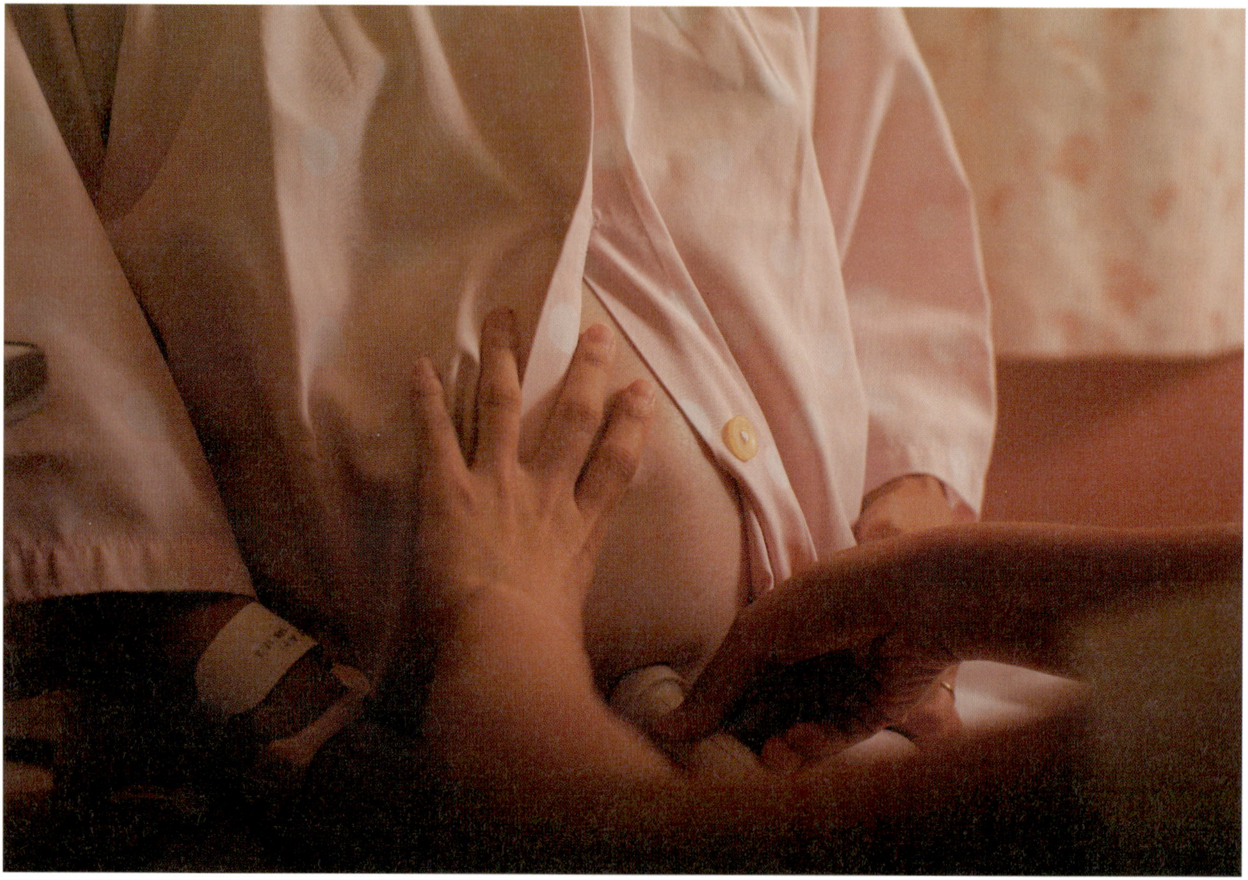

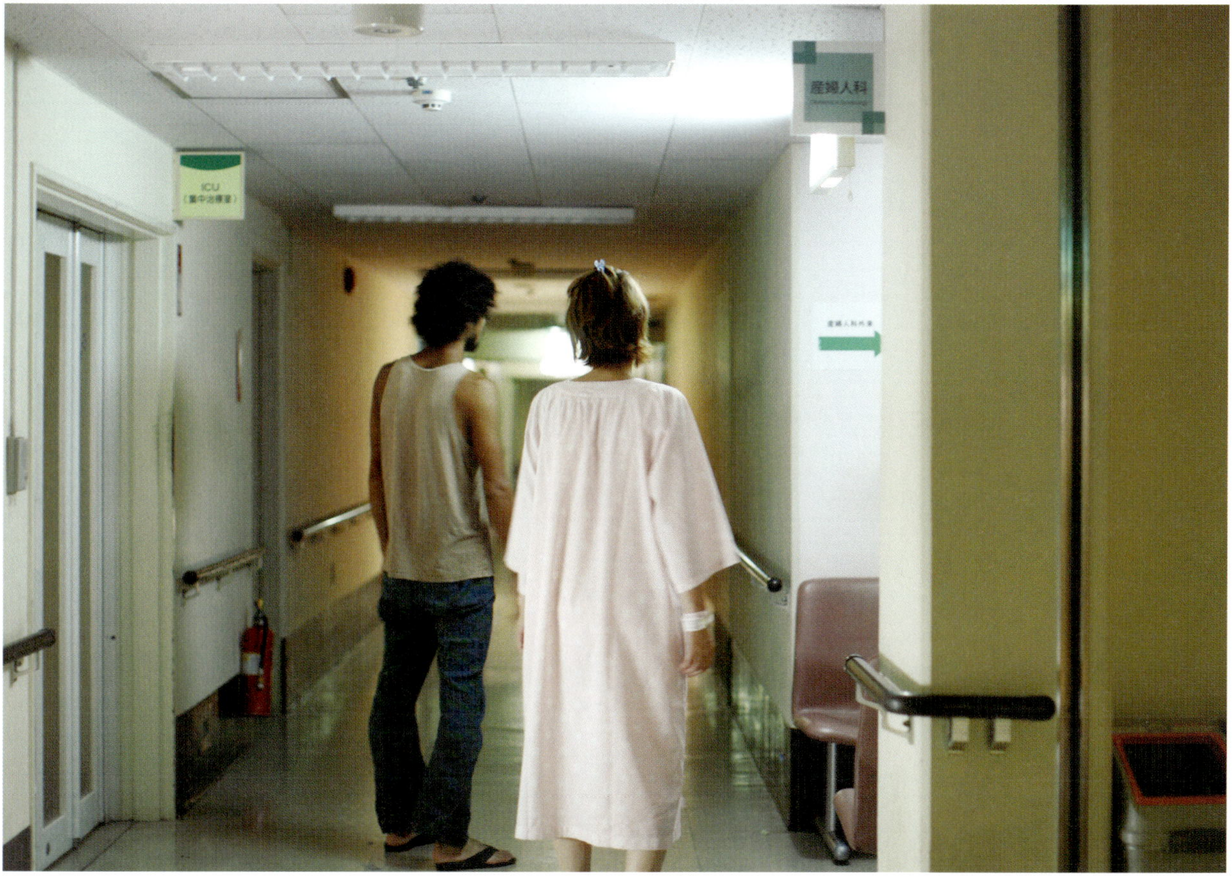
ICU
産婦人科

静かな夜の中に
数分ごとのうめき声

陣痛は止まらない
心音も止まらない
時間も止まらない
ただの繰り返しじゃない
次の時へ進んでいく

それは
いつか、うまれること
いつか、死ぬこと

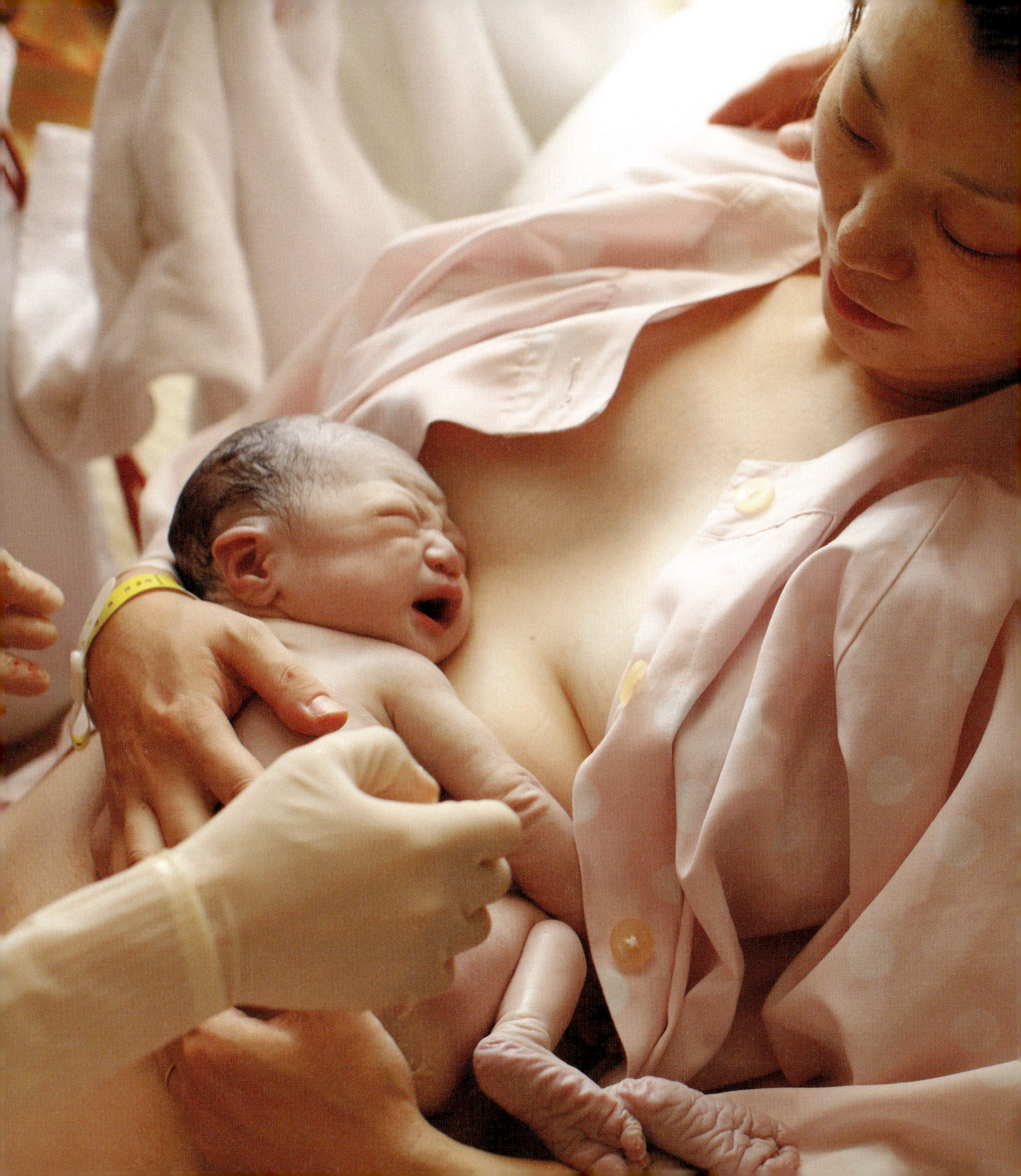

横浜50
ひ 30-20

LEADE

work

ちいさな手
ちいさな耳
ちいさなあくび
ちいさな足
赤ちゃん

祈りの言葉は知らないけれど
しあわせでありますように

あたたかいものが
あふれてくる

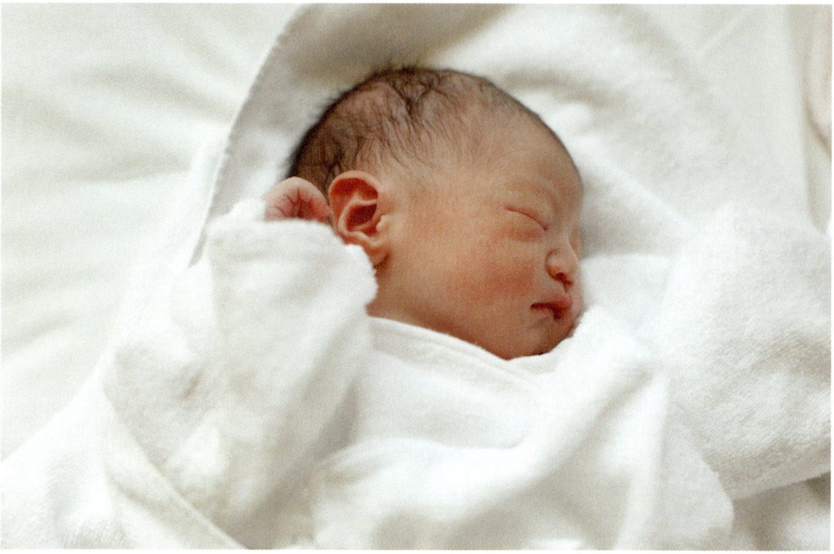

第二章

初夏《はっか》さんのものがたり
―帝王切開―

当初は、近所の助産院で出産する予定だった初夏さん。妊娠中の経過は順調そうだったが、予定日を5日過ぎた日の夜に「検診で診てもらっていた病院に入院する」という連絡が入った。私は状況を把握するために、すぐに病院へ向かった。到着したのは夜の9時だった。初夏さん自ら玄関まで迎えにきてくれて、部屋まで案内してくれた。「昼間ずっと心音の確認をしてたんですけど、ちょっと不安があるってことで、さっき明日の夕方に帝王切開で産むことが決まったんです」と、話してくれた。表情も声もいつも通りのようで、いつも通り過ぎるようでもあり、それがかえって気になった。初夏さんの職業は舞台女優で、それもあるのだろう。周囲に気をつかわせまいとするのは、初夏さんらしさだ。けれど、それをこういう場面でも感じるというのは、予想していなかった。

翌朝。初夏さんのお腹につけてある機器で、心音がモニタされていた。ドクンドクンという音は、部屋では聞くことができないけれど、廊下に出ると奥の助産師さんの部屋から聞こえてくる。ご主人が、廊下に出てドアを開け、初夏さんから見える位置に立った。そして、聞こえてくる心音に合わせて手を叩き始めた。初夏さんは、片手をお腹に当てながら、笑っていた。

夕方の手術には、同居している初夏さんのお母さんも駆けつけるという。皆が、できるだけ初夏さんの傍にいようとしているように思えた。

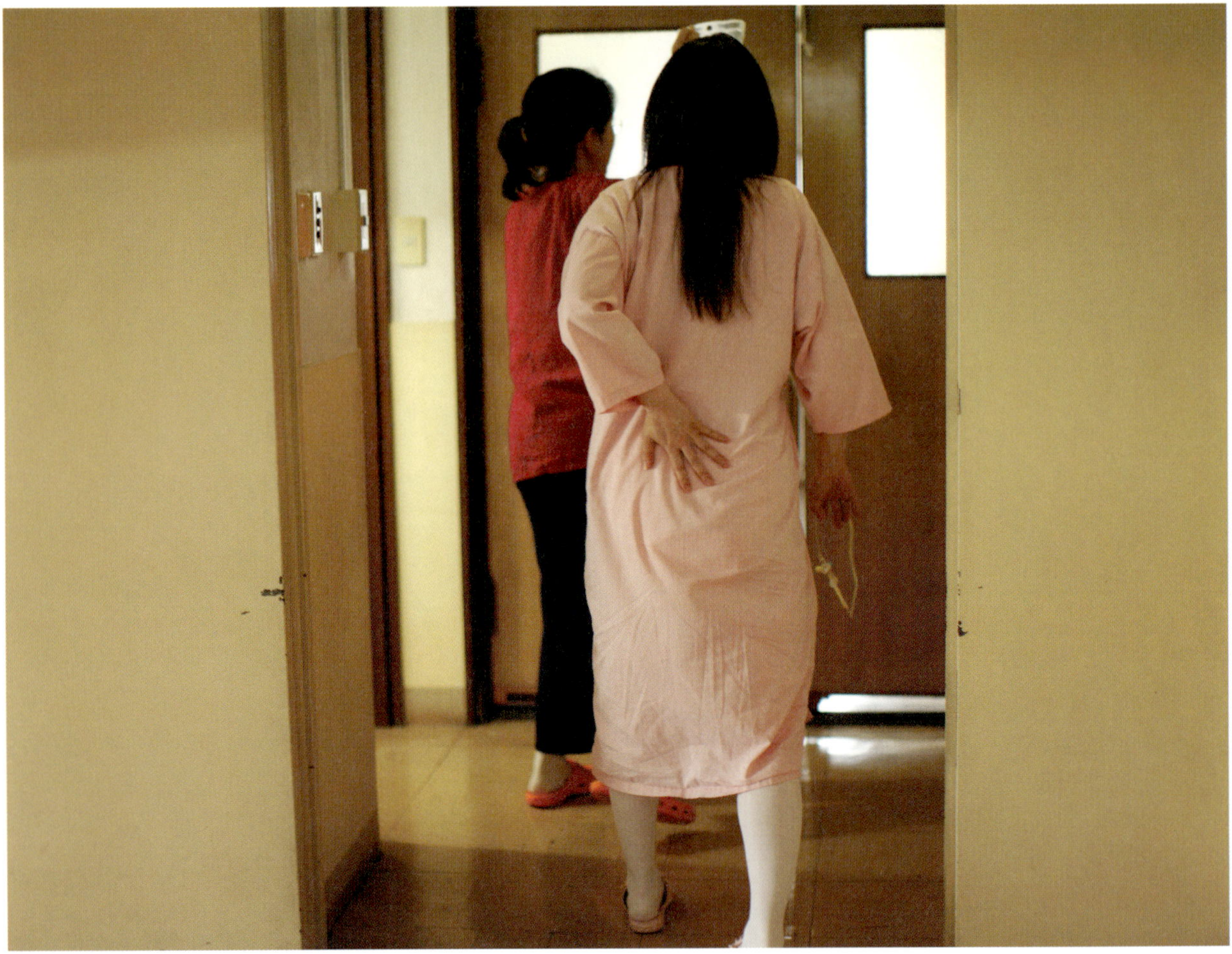

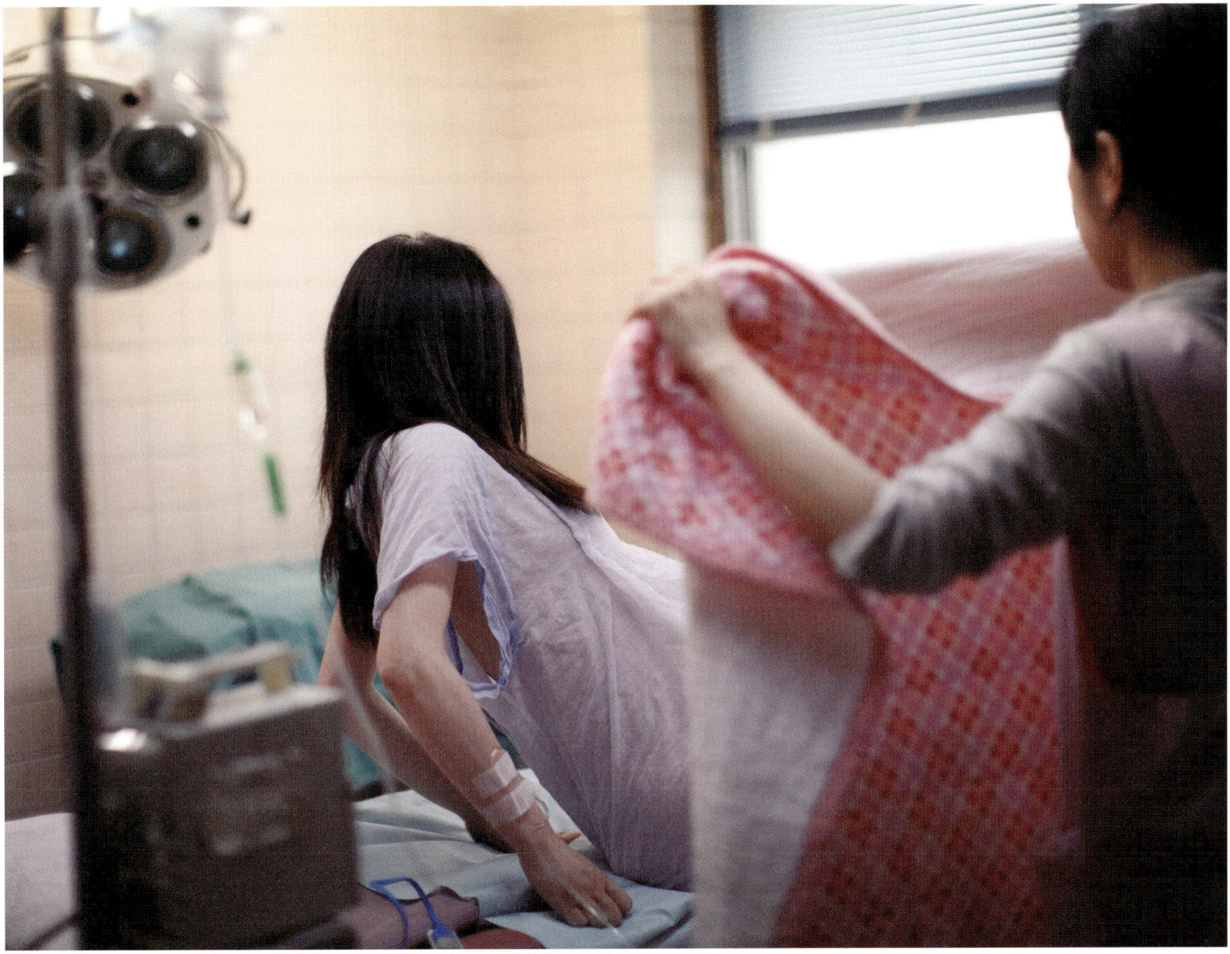

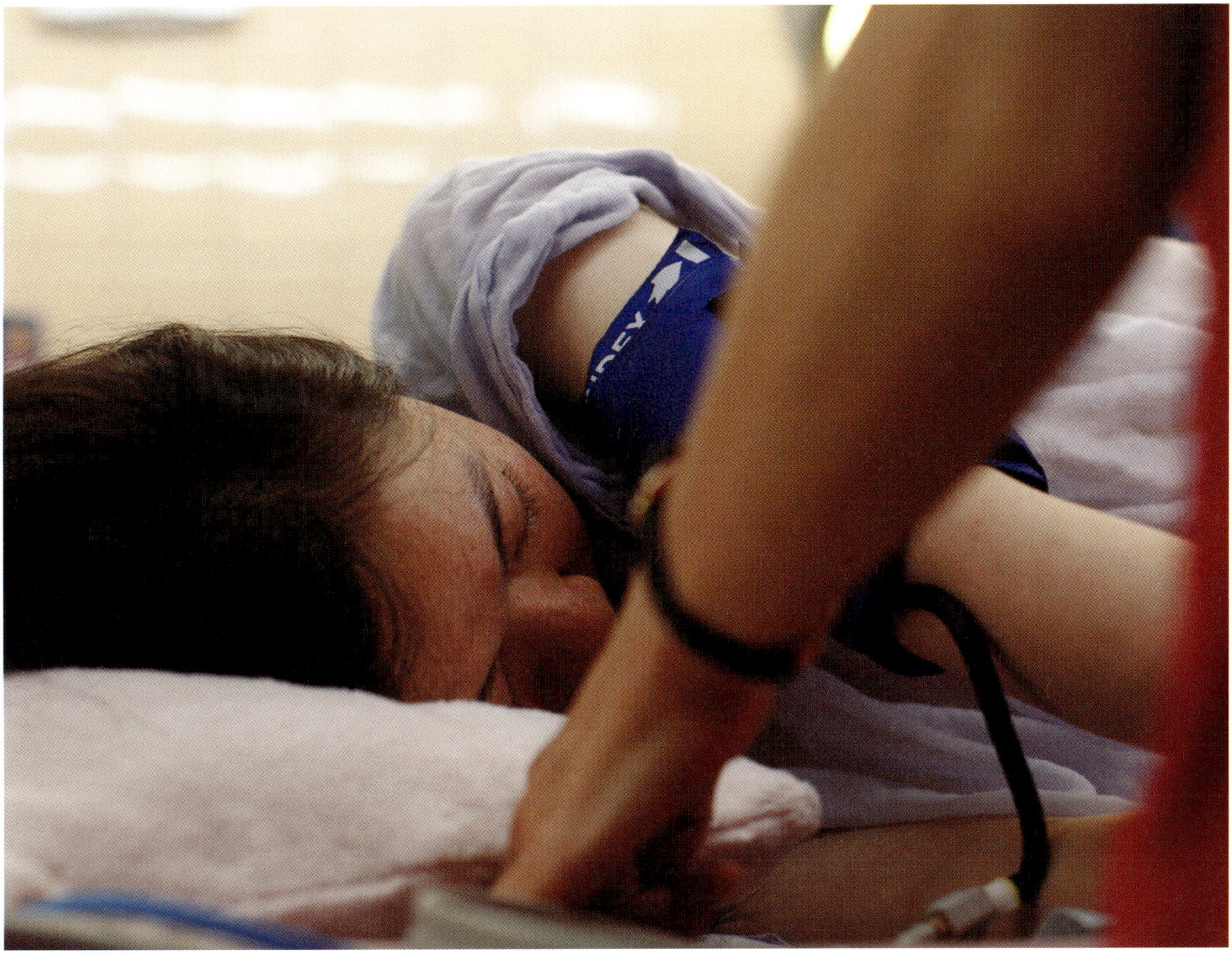

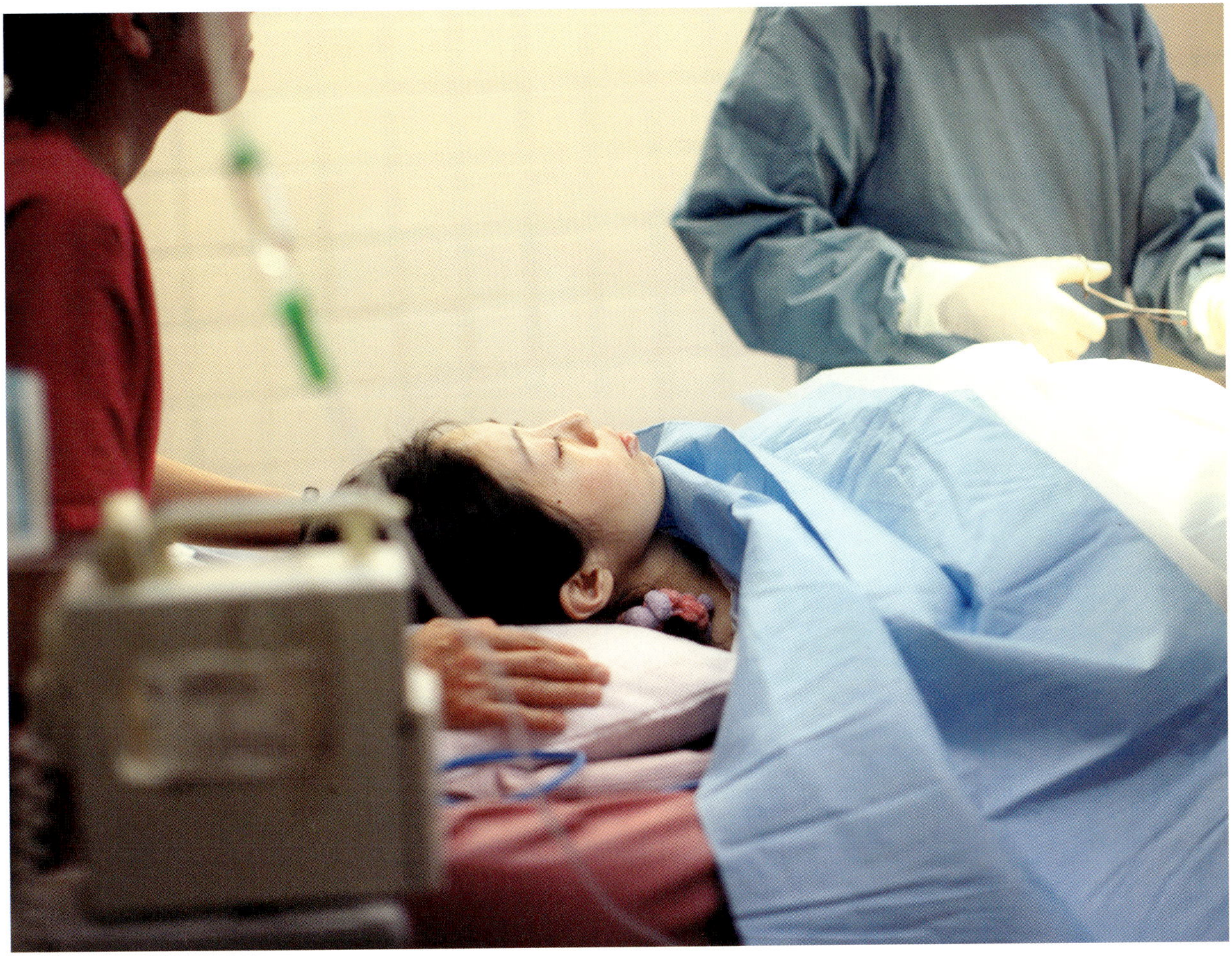

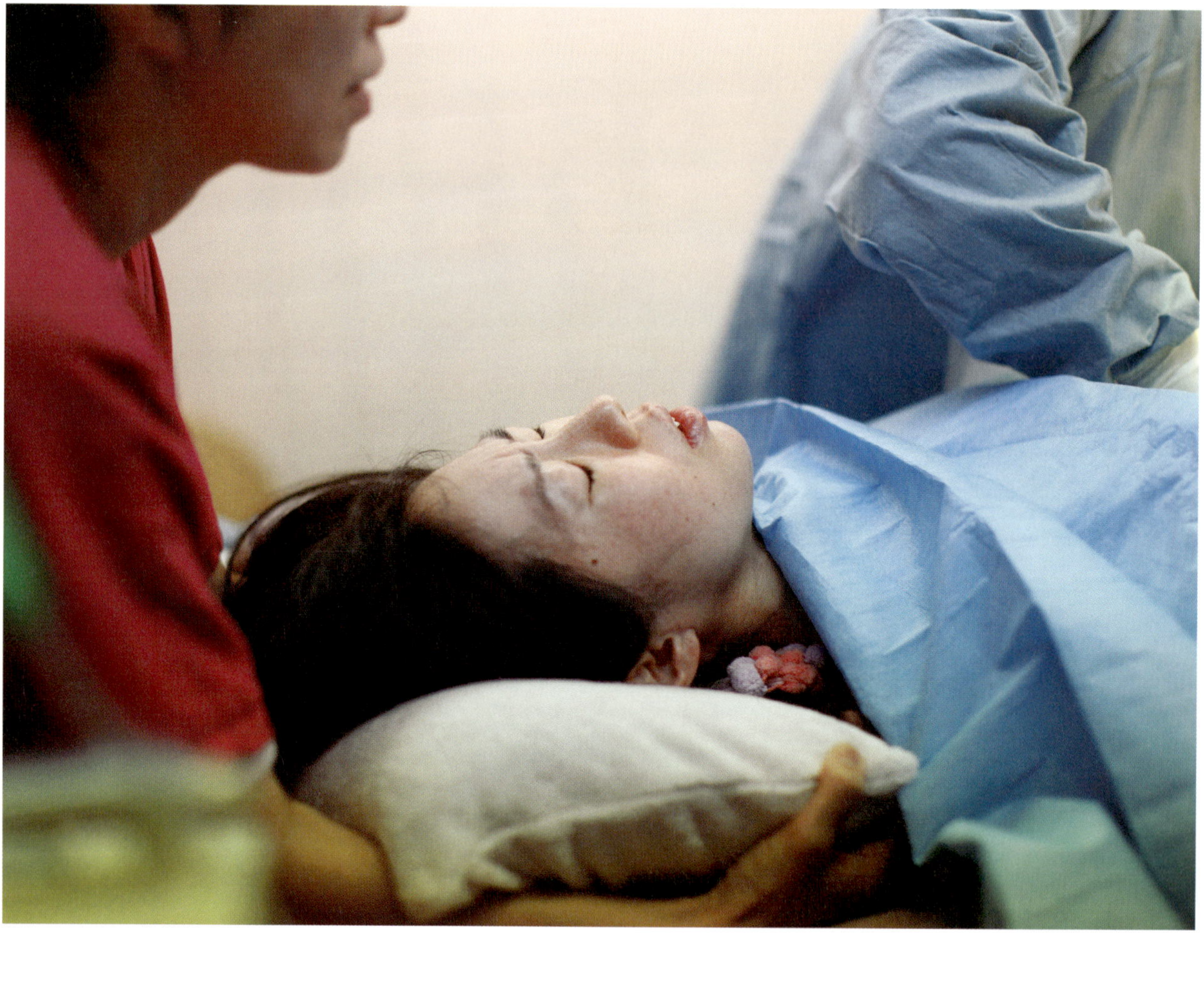

手術は5時からだった。日の長い6月とはいえ、窓からの光は弱くなり始めていた。少しずつ、蛍光灯のあかりが強調されてくる。この病院は帝王切開でも立ち会いが可能だという。手術台から少し離れて、立ち会い者用にとパイプ椅子が備えてある。手術台は煌々と照らされており、立ち会い者側は薄暗く、まるで芝居小屋のようだった。初夏さんの方は舞台で、ご主人とお母さんと私は、ちょうど桟敷《さじき》席にいるような具合。同じ部屋のすぐ近くなのに、遠く感じた。

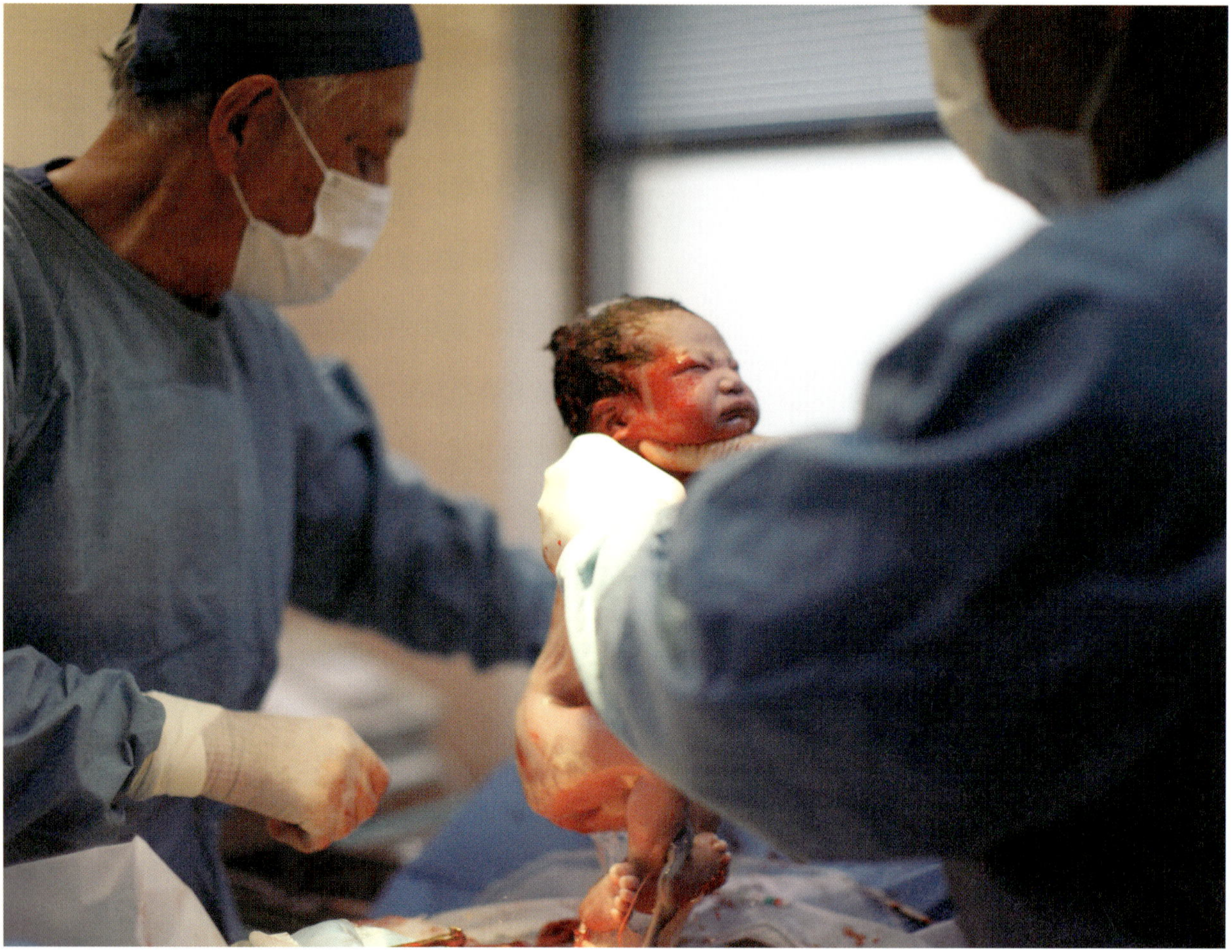

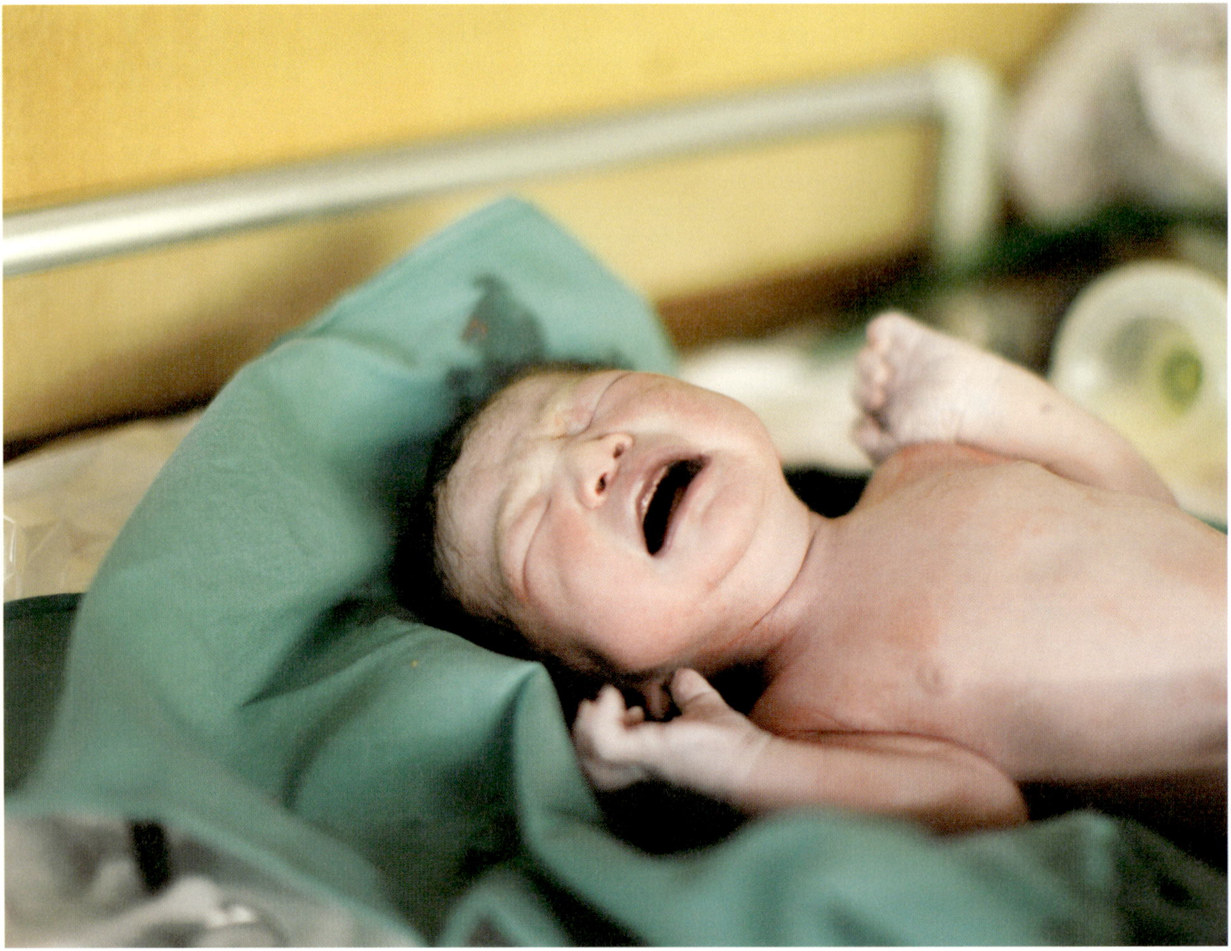

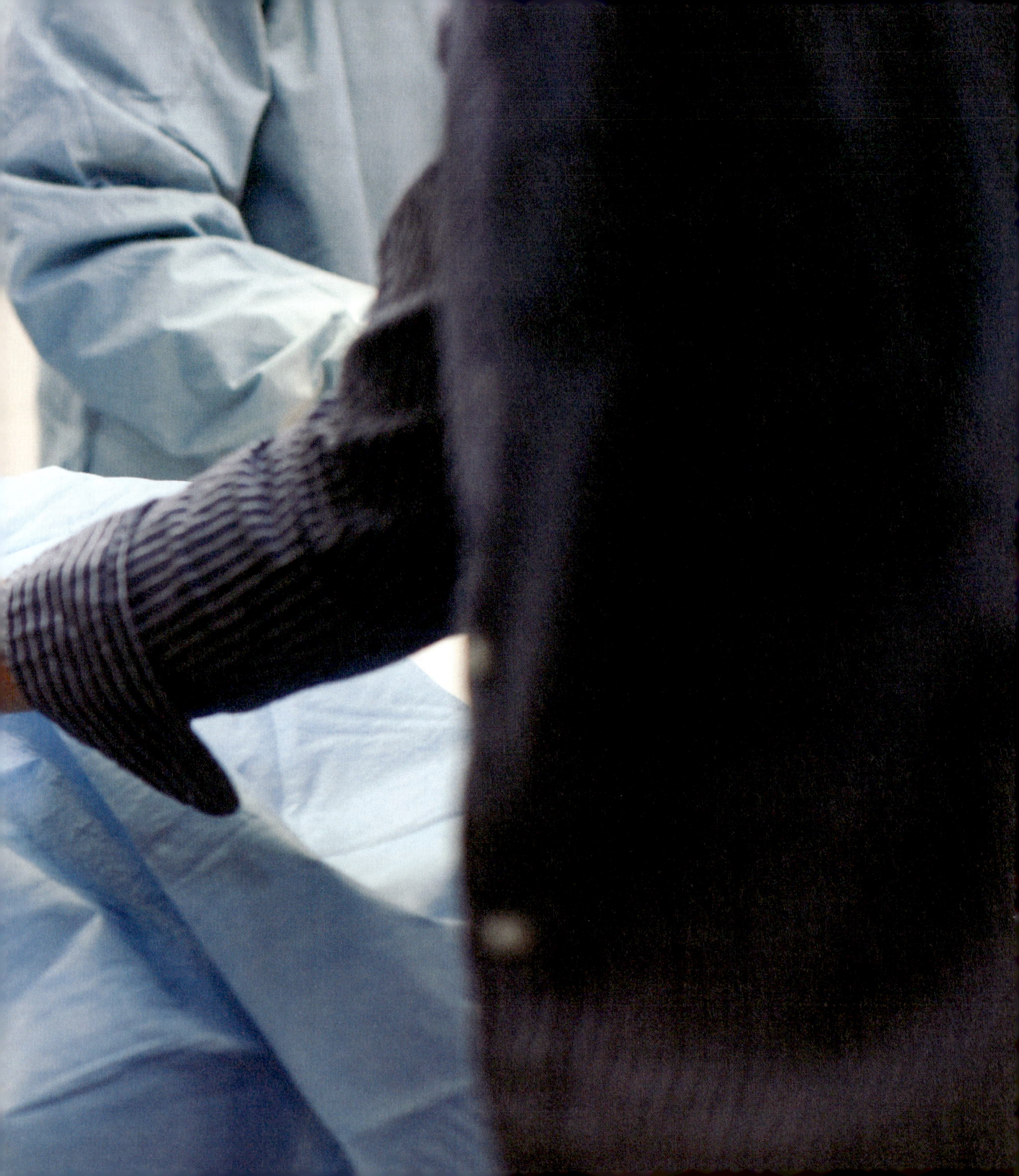

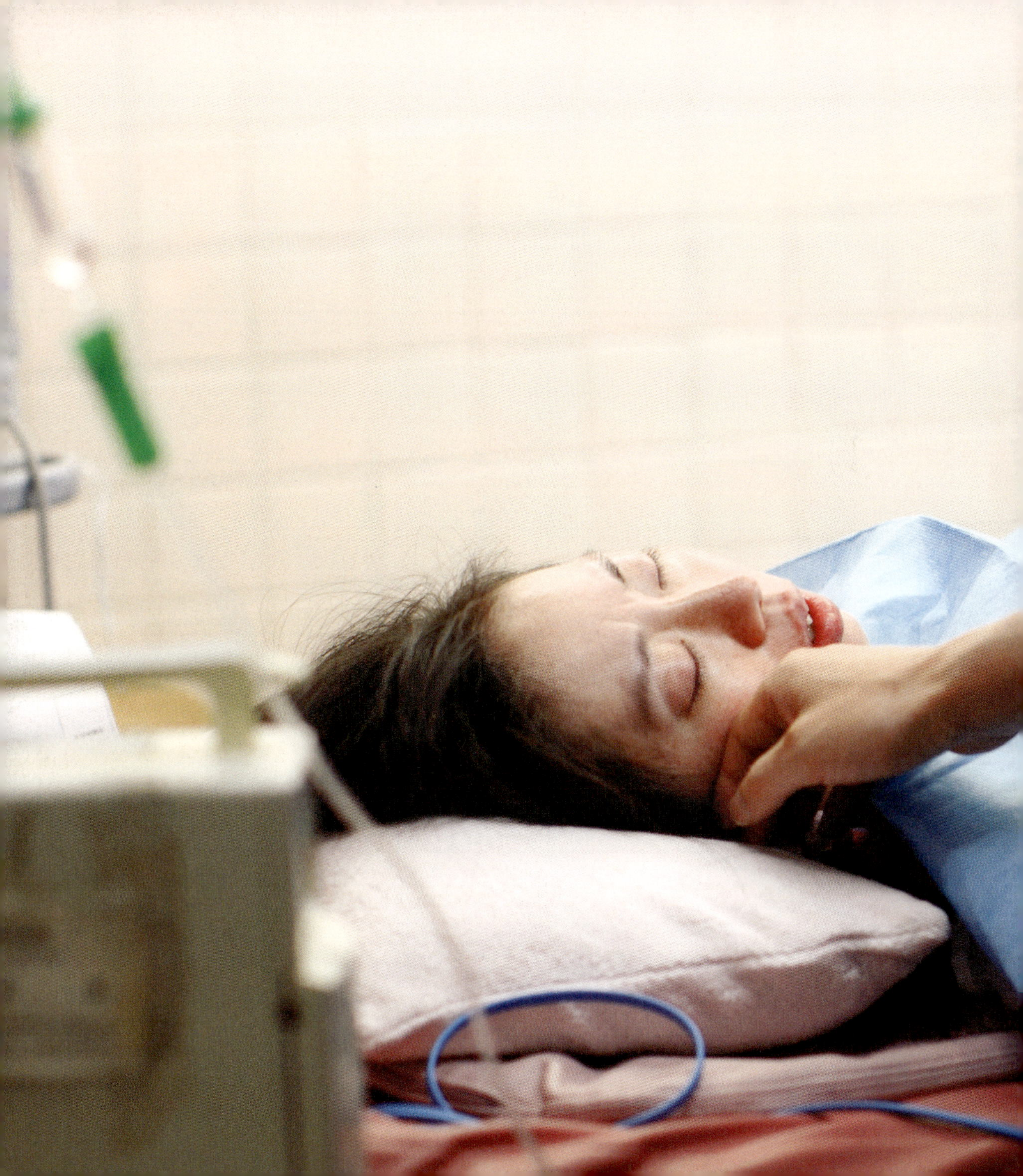

手術の準備が進むごとに、静かに空気が張りつめていった。麻酔を入れるとき、初夏さんは苦しそうに顔を歪めた。その様子に、ご主人もお母さんも目を伏せたり、顔を覆ったりしていたけれど、だんだんと初夏さんをじっと見据えるようになっていった。目をそらさないという、意思を感じた。強そうにも弱そうにも見える、印象的な表情だった。

　赤ちゃんがうまれると、ご主人とお母さんは手を取り合って喜んでいた。でも、初夏さんは手術台の上。２人はもどかしそうに見つめていたが、やがてご主人が初夏さんに近づいていって、手を伸ばした。ほんの数秒の出来事だった。赤ちゃんの泣き声が響いていた。

　助産院で出産するつもりが病院での出産になったとき、帝王切開になったとき、手術までの時間、手術室に向かうとき。いつも通りの初夏さんだったけれど、いつも通り過ぎるように感じていた。

　医師の決定は、無事に産むためのものであり、それ以外の選択肢はない。初夏さんはそれを理解し、無事に産みたいと思ったに違いない。けれど、帝王切開に向けて段取られていく時間の中で、初夏さんの気持ちは押し流されているように見えた。この流れを滞らせてはいけないと、流されていこうとしたのかもしれない。〝いつも通り過ぎる初夏さん〟の姿から私が感じたことは、そういうことだった。

　私は、初夏さんの不安を感じながら、初夏さんの不安も含めて撮っていた。それがいいのか、悪いのか、正直なところ迷った。けれど、初夏さんが今どんな心境であろうと、いつか微笑ましくこの写真を眺める日がくるだろうと、そう信じ込むような気持ちで撮った。その判断でよかったのか——。ずっと不安だった。

　あのとき、初夏さんはどんな気持ちだったのか。産後撮影のときに聞いてみようかと思ったけれど、まだ聞けないような気がして切り出せなかった。他の帝王切開を経験した友人らに話を聞いてみたりもした。友人たちはそれぞれ違った気持ちを話してくれたけれど、初夏さんの気持ちはそのどれとも違うような気がしていた。

　そんなある日、私は初夏さんと話す機会を持つことができた。出産から1年半後のことだった。

　産んだというより、取り出されたという感じでした。だから、最初は自分が産んだという実感が持てなかった。正直なところ、すぐにわが子を可愛いと思えなかったんです。いや、もちろん可愛いけれど、世のお母さんが可愛いと思うほどじゃないような気がしました。授乳もなかなかうまくいかなくて。私はダメなお母さんだな、と思ったりもしました。そういう時期が、わりと最近まで続いていたんです。でも、今はすごく可愛いと感じます。本当にすごく。そう素直に言えるようになるまでには、ずいぶん時間がかかってしまって。

初夏さんは、少しはにかみながら話してくれた。

妊娠中は経過も順調だったし、助産院で産むイメージしか持っていなかったから、出産関係の本を読んでも、帝王切開のページは読み飛ばしていました。でも、急に帝王切開をすることになって、気持ちが追いついていなかったのだと思います。産後も、自分の気持ちをどうしていいかわからなくて、夫に話してみたりもしました。もちろん優しく聞いてくれる。聞いてもらうだけでずいぶん落ち着いたけれど、それでスッキリ解決するわけではありませんでした。でも、いまは無事にうまれたことを、素直によかったと思えます。日々、娘と過ごす時間の積み重ねが、母親という実感につながったのかな、と思います。

話を聞きながら、とても母親らしい気持ちだな、と思った。帝王切開ではなくとも、なかなか母親という実感を持てないということはよくある。必要以上に帝王切開のせいだと思わせたくなかったので、そのことを伝えてみた。すると、「そうなんですかねぇ」と軽い返事が返ってきた。それを聞いて、初夏さんはいま、目の前の子育てに十分満たされているんだな、と思った。

初夏さんの出産は、私にとって記憶に残る風景だった。うまれる子がいて、それを喜び迎える家族がいる風景。それは、どこにでもあるような、なんでもない風景だけれど、私は初夏さんの出産を撮りながら〝もうこれ以上ない風景〟だと思った。そのことを初夏さんに伝えたら、「あの写真、私も何度も見ました。私からは見えなかった風景があったことを知れて、あの写真があってよかったと思いました。私の記憶は麻酔で途切れ途切れだったから」と言った。私も、私から見えなかったあの日の初夏さんの気持ちを聞かせてもらってよかったと、お礼を言った。

私はもう一度、初夏さんの写真を見返してみた。すると、それはまた違ったものがたりに見えた。

すばるくんのものがたり

第一子で出産撮影した家族に、第二子がうまれることになり、2年を経てふたたびその家族を撮ることになった。第一子の〝すばるくん〟は2歳になったばかりだった。

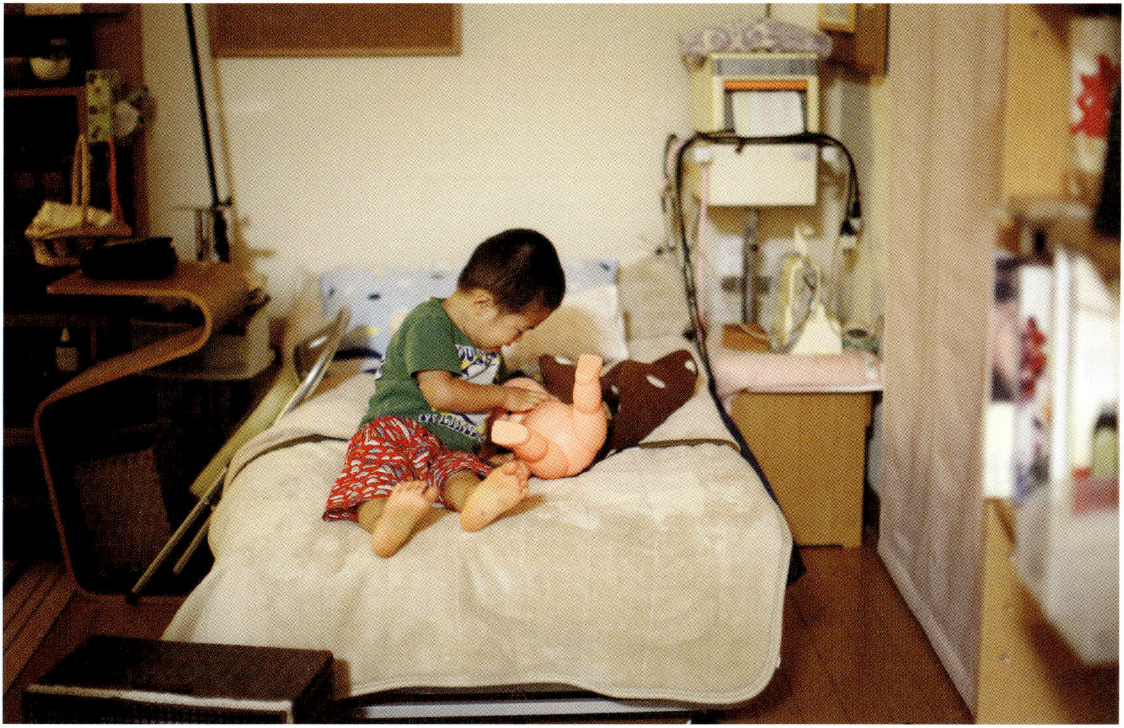

夕方6時、陣痛の電話が入る。予定より10日早い。私が産院に着くと、間もなく一家も到着した。お母さんは、私を見て会釈するも、言葉を発する余裕もない。陣痛が進んでいるようだった。助産師さんが心音や出血などを確認している間、すばるくんはお父さんと話したり、産院にあるおもちゃをひとつひとつ確認したりしていた。お母さんの様子が変化してから数時間経ち、いまはそういうものなのかと理解しているようでもあった。

けれど、お父さんがお母さんにかかりきりになると、彼は居場所を探すようにウロウロと歩き始めた。走ってベッドにダイブしたり、ソファから転げ落ちてみたり。しばらく皆の注意をひいていたが、そのうちお父さんの膝の上に座った。そこを定位置と決めたようだった。お父さんの方も、奥さんの手も握れて、すばるくんも一緒にいられるような体勢をつくっていたようだった。

　お産が進み、いよいよ赤ちゃんの頭が出るというとき、助産師さんが「出てくるよ！」と、すばるくんに声をかけた。彼は一瞬なんのことかわからない様子であたりを見回したあと、そうかと気づいたようにお母さんのお尻側に走り出た。そして、彼はまさに弟がうまれる瞬間を見た。途端に、彼は泣き出した。火がついたように泣いた。叫んでいるようでもあった。お父さんが歓声をあげて赤ちゃんを見ているときも、お母さんが急ぐように赤ちゃんを胸に乗せたときも、助産師さんがねぎらいの声をかけたときも、ずっと泣いていた。誰もが赤ちゃんがうまれたことに安堵し、笑顔で喜ぶ中で、彼ひとりは泣いていた。彼はお父さんの方を向いて泣き、お母さんの方を向いて泣いていた。

　しばらくして、赤ちゃんをお父さんが抱き、お母さんの胸の上が空くと、お母さんは〝わかっているよ〟というように、両手を彼の方へひろげた。すると、彼は飛びつくようにお母さんに抱きついた。

　私は、構えていたカメラを床に置いて、笑いかけた。すると、彼も少し笑った。

YOU LIKE IT

もも ちゃんのものがたり

最初のお子さんのももちゃんは、出産時に急遽帝王切開になったという。母体に配慮して、第二子も帝王切開で出産することになっていた。ももちゃんは、保育園のまわりの友だちに次々妹や弟がうまれてくるのを見て、「私も赤ちゃんがほしい」とよく言っていたそうだ。手術当日のももちゃんは、少し緊張しているように見えた。5歳の彼女には、病院でどのように赤ちゃんがうまれるのか伝えられていた。お腹を切って、赤ちゃんを取り出すのだと。

帝王切開の手術は、1時間程度。その間は、ももちゃんの表情を見ているだけで、その心模様がわかるようだった。

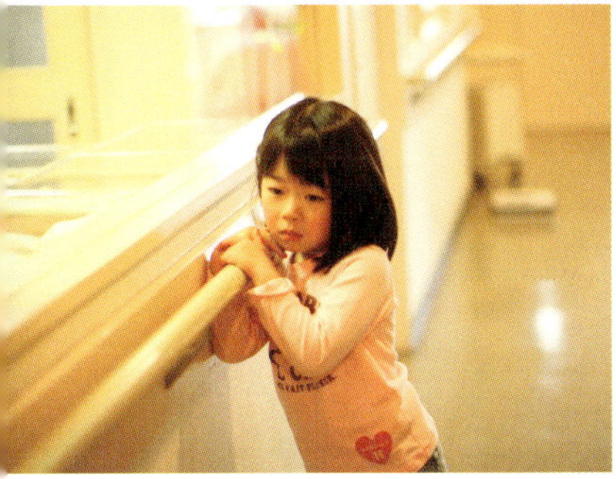

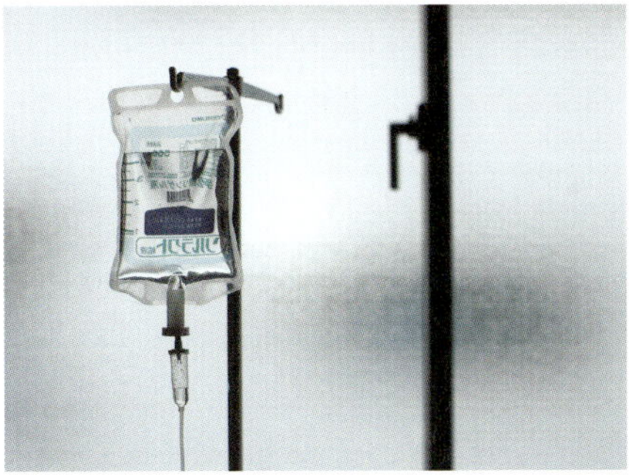

分娩室
手術室

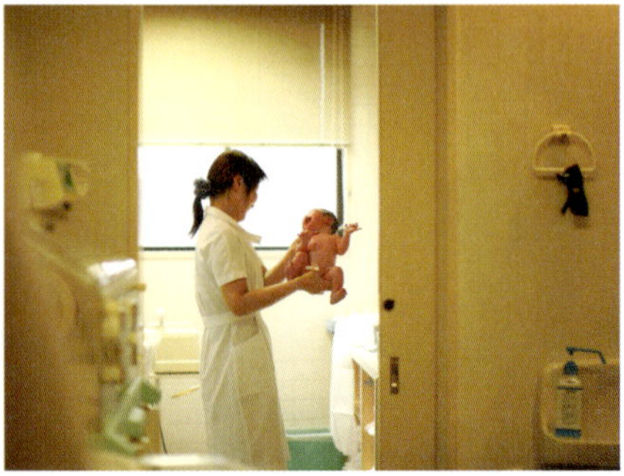

BLISE
CIEL CLAIR

BLISE
CIEL CLAIR

新生児室

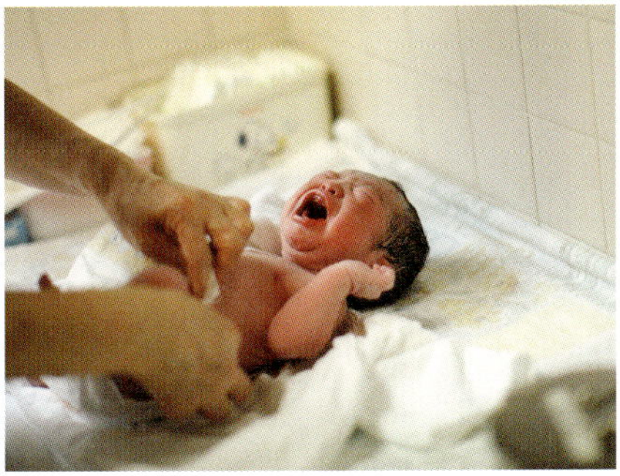

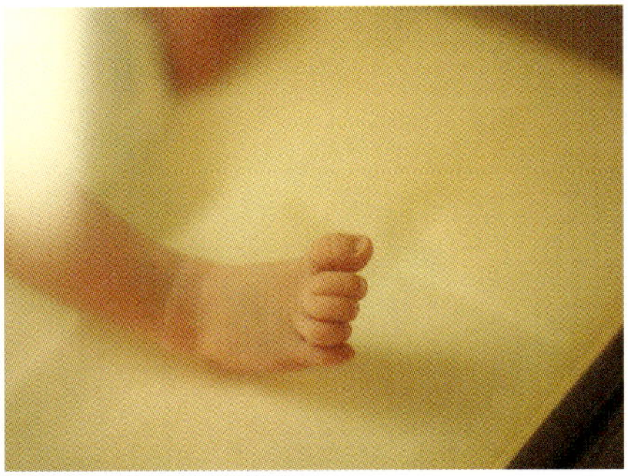

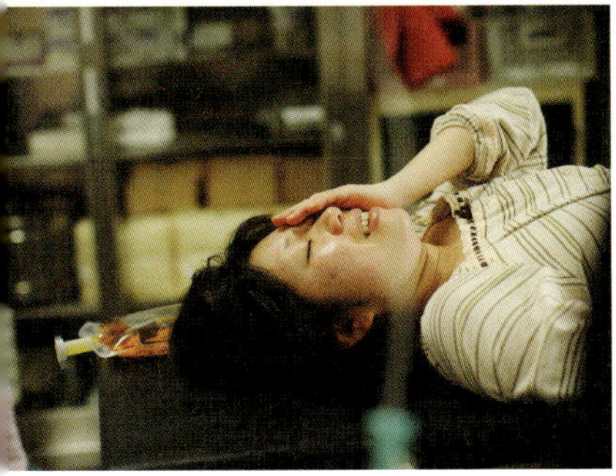
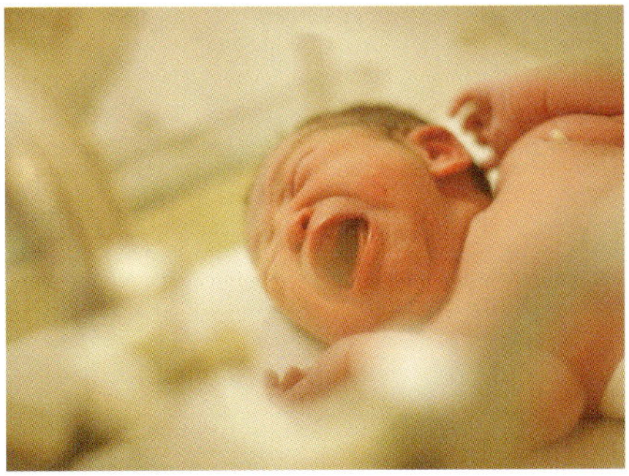

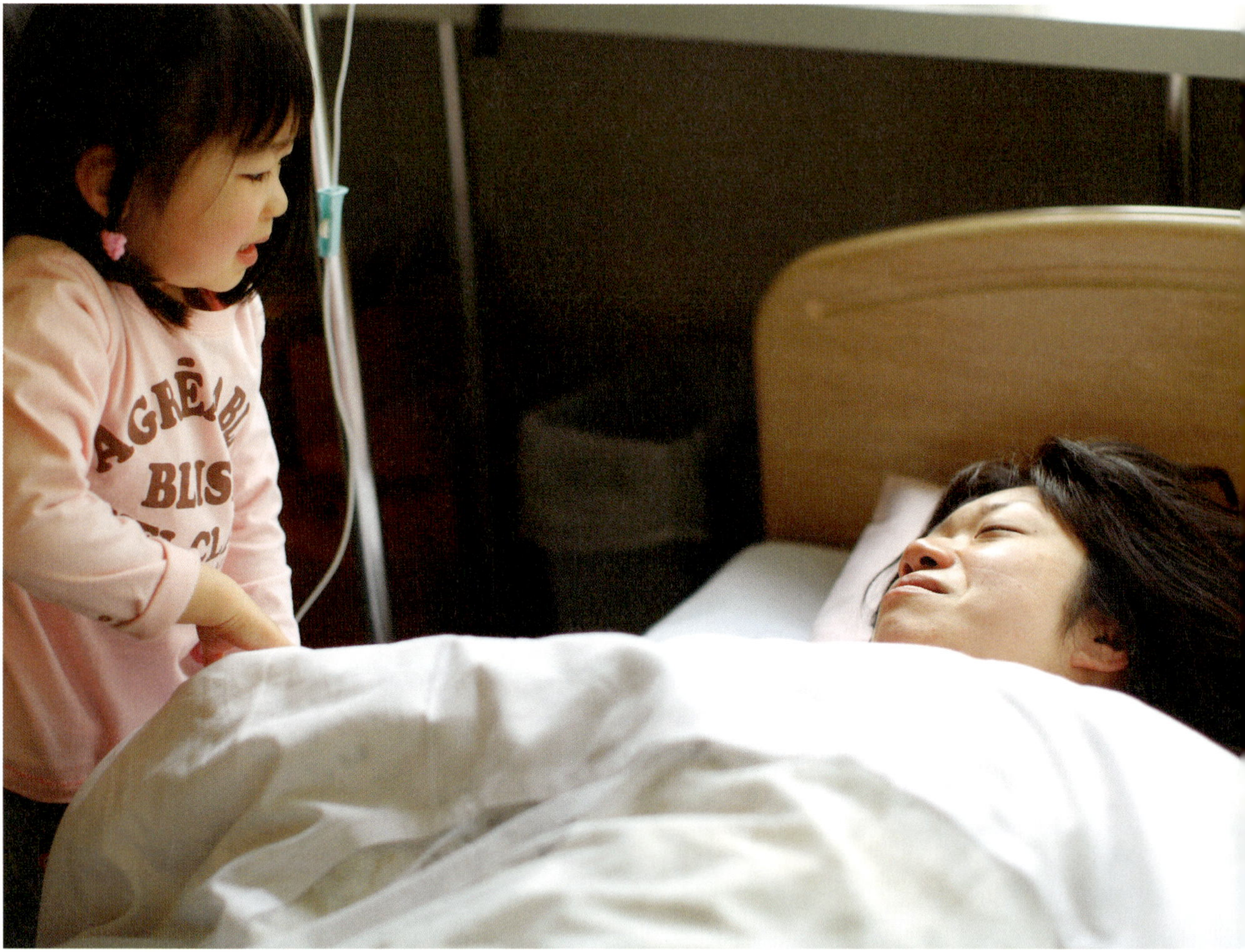

手術のあと、お母さんが病室に運び込まれると、ももちゃんがお母さんに抱きついていった。まだ5歳。母親に抱きつきたい、甘えたい、という気持ちは当然あるだろう。けれど、私には、このとき一瞬、彼女がお母さんを思いやっているようにも見えた。抱きしめて、お母さんをいたわろうとしているような。娘である彼女が、一瞬母親のように見えた。

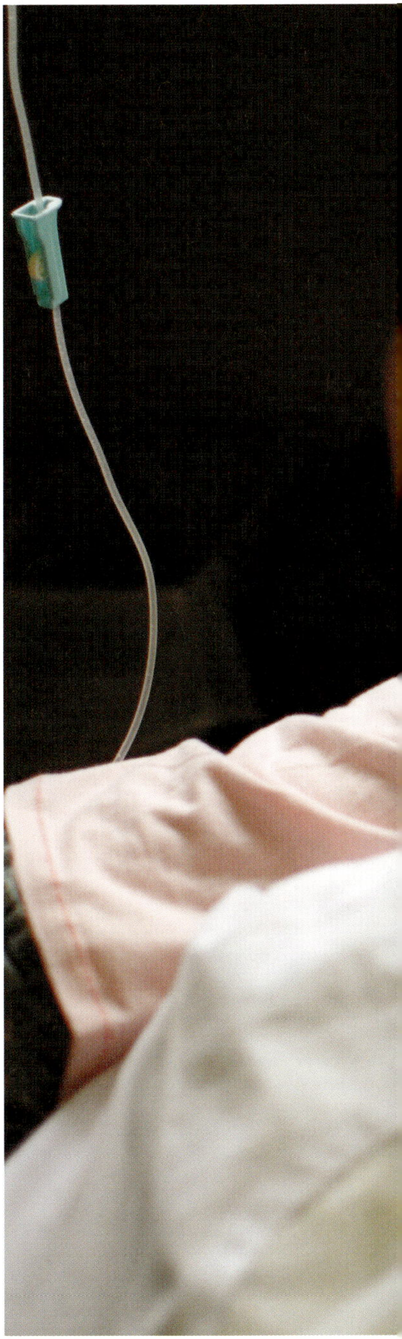

典子さんのものがたり

―不妊期を経て―

「子どもを持たない人生もある。
そう口に出して言ってみたこともあるんです」

典子さんの言葉を聞いて、想像してみた。
その頃の彼女は、どんな顔をしていただろうか、と。

結婚後、なかなか赤ちゃんを授からなかった典子さん夫婦。検査してみると、ご主人が乏精子症《ぼうせいししょう》と判明したのだという。それは、自然に妊娠する確率が低いということを示していた。医師は、典子さん夫婦に体外受精についての説明をした。

最初は〝体外受精〟という言葉を聞いても、運命に逆らうようで踏み出せませんでした。ほしいという気持ちだけで、買い物でもするように軽々しく子どもを望んではいけないような気がしました。だからと言って、「子どもを持たない夫婦の生き方もある」と口に出して言ってみてもきれいごとにしか聞こえず、私たちの間に子どもができないということを受け入れられないでいました。両親に孫の顔を見せられないことも、とても無念でした。そして、彼を傷つけるようなことを言ってしまったこともありました。

〝彼を傷つけてしまうようなことを〟というのは、夫婦ともに同じ願いを持っているから出てくる言葉だろう。不妊については、以前のように女性側だけの問題という漠然とした誤解がなくなった。と同時に、原因の持ち主をそれまで以上にはっきりさせた。

私自身も、かつて「産めないかもね」と医師に言われたことがある。子宮疾患があることが理由だった。つまり、因子の持ち主は私だった。典子さん夫婦とは立場が逆。だから、私はご主人の気持ちが少し想像できた。〝私の人生に子どもがいないだけでなく、彼の人生も子どものいないものにしてしまうかもしれない〟。そう思わなかったわけではない。申し訳ないような気持ちも、どこかにあった。一方で、私自身の〝産みたい〟という気持ちも、より強くなっていった。だから私は、ご主人の気持ちも、典子さんの女性としての産みたい気持ちも、とても身近に感じた。

あるとき、典子さんは夢を見たという。

10歳ぐらいの男の子が泣いている夢。顔は曖昧だったけれど、知らない子ではなく〝知っている子〟と認識しました。前にもっとちいさい男の子の夢を見たことがあって、その子だと思いました。主人にはこの夢のことは言いませんでした。なんとなく。でも、このことがきっかけで、母から聞いた、自分がうまれるときの話を思い出しました。

典子さんのお母さんは、典子さんを産む前から腎臓が悪く、妊娠がわかったとき、「母子ともにリスクが高いので産んではいけない」と医師に言われたのだという。それでも、典子さんのお母さんはどうしても産むと言って聞かず、出産の決意をされた。そして、結果的に典子さんはなんの障がいもなくうまれてきたそうだ。

もし母がお医者さんの言葉に従って産むのをあきらめていたら、私はこの世にうまれてきませんでした。いまの自分としては、そんなことありえない、と思うんです。「うまれてきてよかった。ありがとう」と、あらためて思いました。

典子さんのお母さんは、16年ほど前から腎臓が機能しなくなって、今は人工透析を週に3日受けているのだという。

昔なら亡くなってしまっているかもしれないのに、医療や技術の進歩でまだ生きていられる。このことについて、運命に逆らっている、死ぬべきだ、なんて考えたことは一度もなかったんです。そう思いめぐらすうちに、体外授精も、神に背いて人工的に子どもをつくると捉えるのではなくて、医療の進歩をチャンスとして受け入れてみようと思えてきました。
　一度だけやってみよう――。そう決めて、私たちは治療に臨むことにしたんです。

　どうしても産むと言い張った、典子さんのお母さん。お会いしたことがあるが、笑顔が印象に残る穏やかそうな方だった。でも、そんなふうに子どもを産んだ女性で、そんなふうにうまれた子どもが典子さんなんだと思うと、典子さんの言葉のひとつひとつが力強く感じられた。
　不妊治療は多くの産婦人科で扱っているが、不妊治療を専門に掲げているところに通う人も多い。理由は、専門の医師に診てもらいたいというのと、妊産婦さんと同じ空間ではないこと。典子さんたちも、不妊治療専門のクリニックに通っていた。

　2人で臨むとはいえ、母体の方で施術を進める部分が大きく、毎日通院するのは私だけでした。できるだけたくさんの卵子を採るために、毎日ホルモン剤を打って、採れた卵子に主人の精子を顕微授精してもらいました。
　不妊治療の病院は独特の雰囲気があり、その場に行くだけでも、とても苦痛に感じました。そんな私を、主人はとても気づかってくれました。

　結果、2人には2個の受精卵ができた。

　不妊治療の先生は、よく確率論で話をしていました。1個の受精卵を子宮に戻して、無事に妊娠に至る確率は、確か20%以下だと説明されていて、〝こんなにストレスを背負って、お金もかけて、やっと受精卵ができたとしても、そんなに確率が低いの!?〟と、思ったのを覚えています。さらに、私の場合は38歳だったので、もっと低いだろう、と言うのです。だから、「成功率を高めるために、2個とも子宮に戻しましょう」と言われました。不妊治療をしている夫婦は、5回、6回、それ以上、何度もチャレンジして、やっと子どもを授かるという感じだそうで、クリニックとしては、私たちが1回目で成功するなんてまったく考えていない様子でした。

　体外受精の着床率は、年齢によっても違う。年齢が高くなるほど確率は低くなるが、確率が低くなっていく推移が年齢とともに加速していくと言われている。おそらく、医師の言葉は、少しでも確率を高めようという意味だったのだろう。

でも、私はどうしても失敗するとは思えなかったので、双子になったときのリスクを考えて1個だけにすると決めました。子宮に戻してから2週間ぐらいで、着床したかどうかがわかります。その間、私はホルモン注射を打ちに毎日通院しましたが、診察はしないので、その後の進行のようなものはまったくわからない状況でした。まるで、合格発表を待つ受験生のような気分でした。手応えはあったけど……みたいな。ちょうどあの頃、バンクーバーオリンピックでフィギュアスケートをやっていて、高橋大輔選手の演技に全身ビリビリするほど感動していたので、子どもの名前は大輔かな、なんて気の早いことを考えたりもしていました。

ここまで聞いて、私は少し驚いていた。どうやら、典子さんはわりとはっきり妊娠を予感していたようだ。産んだあとに聞いているので、より確信めいた言葉が出やすいというのもあるかもしれない。けれど、リスクを考えて受精卵をひとつしか戻さない判断をしたことなど、妊娠を予感して、冷静に行動したのだと思えた。

確率という全体から見る視点と、自分という個人の視点は、まったく違っている。通常は全体から見る視点を持とうとする方が冷静なように思えるが、典子さんは自身が感じた予感に従って、静かに、着実に行動したように見えた。

判定の日は、期待と不安を胸に病院へ向かいました。結果は、着床し、妊娠していました。とてもうれしかったです。お医者さんも驚いていました。主人にはメールで報告しました。「赤ちゃんうまくいきました」「よかったですね。おつかれさま」という、淡々としたやりとりでした。

〝この子の人生がスタートしたんだ。私がそれをサポートしなくては〟

そんな覚悟のような決意のような強い気持ちと、清々しい気分で、クリニックのある駅から一駅分、地下鉄に乗らずに歩いてしまいました。

「一度だけやってみよう」

そう言った典子さんの決意に、もっとも希望を感じていたのは、ご主人だったのではないだろうかと思う。

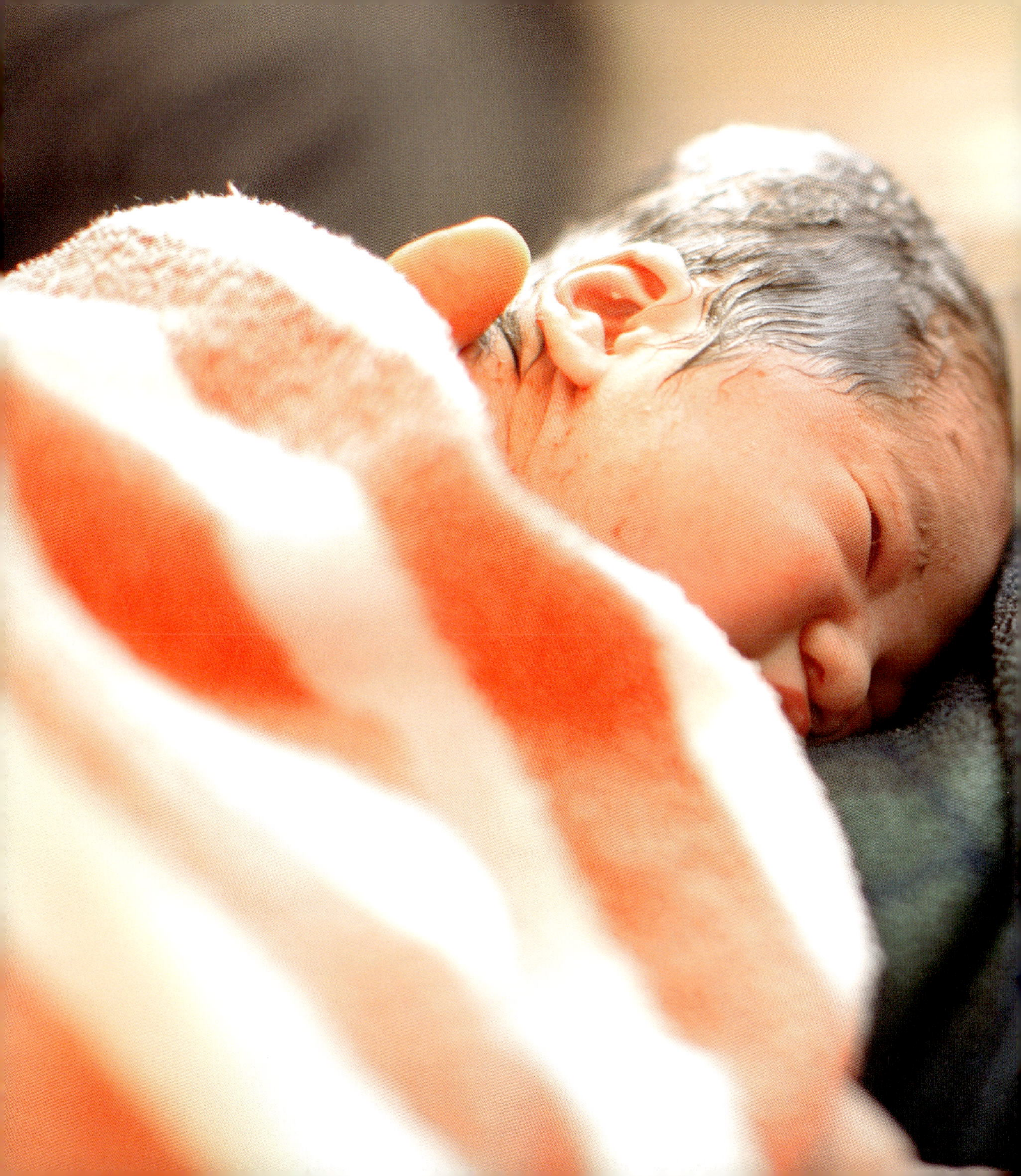

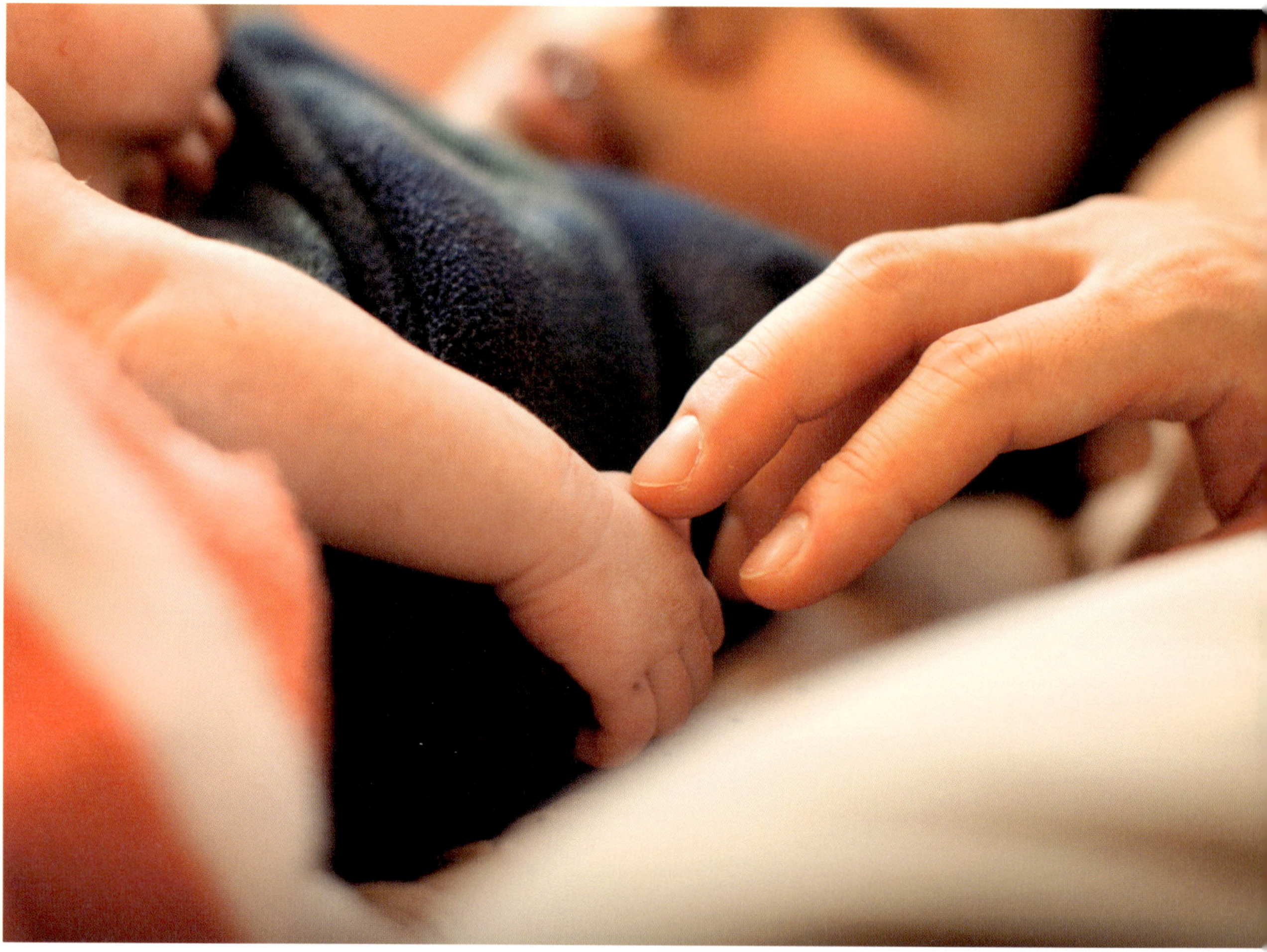

身ごもる女性と違って、男性はうまれてから、父親の実感がわくという話をよく聞く。実際に、そうなのだろうと思う風景にもしばしば出会う。けれど、典子さんのご主人は少し違っていたように思う。「ずっとこのときを待っていた」というようなまなざしで、典子さんがうれしそうに赤ちゃんを抱く姿を見ていた。

そういう風景を、私は見た。

こんなに愛されてうまれてくるのだと、知った日のこと。

きっかけ

出産に興味を持ったきっかけは、月並みだけれど自分の出産にあった。初めてのお産を終えたとき、それまでイメージしていたものとのギャップが大き過ぎて、何か間違えてしまったような気持ちになった。私は出産に対して、この上なく特別で感動の瞬間のようなものを想像していた。けれど、実際にはそうは感じなかった。特別になっていくというより、むしろ日常の延長線上にあるように感じた。感動しているのだろうけれど、涙を流して感じ入るようなものとは明らかに違った。何時間も激しい痛みを越えてきただけに、全身が脱力し、放心していた。そのせいか、感情を表現することができなかった。

私が出産直後に感じたものは、〝終わった〟という安堵感だった。事実10ヶ月の母子一体の時期が終わったのだから、ひとつの終わりだったことは間違いない。けれど、それだけではないような、たとえて言えば一度死んだような、そんな〝終わり〟を確かに感じた。そして、そのあとも時間が流れていることを認識して、ようやく〝始まった〟と思えてきた。そういった自分の体験から、おのずと興味がわいた。

〝他の人は、どうなのだろう？〟

産後しばらくして、私は写真を受け取った。友人が撮影した、私の出産を記録したものだ。生後1ヶ月のわが子が眠る傍らで写真をめくっていると、自分の記憶にないシーンで手が止まった。夫が私の汗を拭いているその一枚は、どこか他人の出産をのぞき見ているようだった。けれど、しばらく眺めているうちに、無我夢中で切れ切れだった記憶が、写真で補完されるようなかたちで蘇ってきた。

産んだあとの息子を抱く自分は、意外なほどいい表情をしていた。こんな顔をしていたのか、と写真を眺めながら、ようやく自分が産んだこと、子どもがうまれてきたことの実感がわいてきた。産後数週間経ってようやく実感というのは、自分のことなのにおかしいと思うけれど、それが正直なところだった。そして、寝息も聞こえないほどちいさな息子に目をやって、愛おしいと思った。

写真を見て、ようやく実感がわく――。では、写真を見なければ実感がわかないままだったのかというと、そんなことはないと思う。日々の赤ちゃんとの暮らしの中で、きっと産んだ実感を得ていっただろう。ただ、自分の記憶にある出産風景に、自分の姿はない。一方で、他の誰かから見た風景には、自分が産んでいる姿がある。それは、決定的に自分が産んだと感じさせる力があるように思う。撮影者が夫でなく第三者なら、助産師さんや夫や家族などその場にいた人が写り込む。自分からは見えなかった外側からの風景と、自分が感じ取った風景とが織り込まれ、記憶になっていく。そういうことが、私の感じた実感につながったように思う。幼い頃、アルバムを何度も見たり、親の話を聞いたりして、記憶にない頃のことを記憶しているように感じるのに似ている。記憶と呼ぶにはふさわしくないかもしれないけれど、記憶しておきたかったことは、自分の気持ちだけではなく、そのときの風景だけでもなく、両方なのかもしれない。

子どもがうまれてから、私の暮らす世界は半径3キロ圏内になった。近所の散歩道、児童館、毎日の買い物という生活面だけでなく、仕事でも遠くには行けなくなった。人より早くに子どもを産んだ私は、子育てという新世界を味わいながらも、見たこともない外国の風景を撮った友人の写真に、羨ましい気持ちにもなった。その頃の私に撮れそうだったのは、半径3キロ圏内の世界。けれど、その中にも、見たことがない風景がたくさんあることに、少しずつ気づき始めているところだった。写真があるからこそ、感じられることもある。人に寄り添う写真もある。そんな写真の効果を感じていたことや、私の人に対する興味も掛け合わせ、ある日私は出産撮影を始める決心をした。長男が3歳で次男が1歳のときだったから、覚悟も必要だったけれど、わが子がちいさいときだからこそ、目線が近いからこそ撮れるものもある気がした。もし今後何十年と撮り続けるにしても、いましか撮れないものがあるはずだ、と。

私にとって〝出産〟は、うまれる瞬間だけではなく、妊娠から産後までだと感じたので、その期間を撮影することにした。流れる時間とともに、変化していくものを見たかった。産前の日常の風景から、出産へと向かい、また日常へと戻ってくる。そんな写真たちが、少しずつ増えていった。

産むこと、うまれること

妊娠すると、そのときに流れてくる妊娠や出産・子育ての報道や情報が、急に耳に入りやすくなる。私の場合、出産の撮影依頼を受ける度にそういうことが起こるようになった。自分の妊娠ではない上に、被写体も変わるせいか、それらの情報に対する感じ方が、その都度変化していくことにも気がついた。

あるとき、不妊治療を受けて妊娠されたご夫婦から撮影依頼があった。私は、そのご夫婦の話をうかがいながら、赤ちゃんの命の誕生は〝出産〟ではなく、お腹に宿ったときや、それよりもっと前の卵子や精子の状態からという考え方に触れた。体外受精に、人工授精。さらに新型出生前診断は「命の選別になる」という声がある一方で、依頼する人や関心を持つ人も多い。医療の進歩とともに、踏み入ることができなかった領域に踏み込むことができるようになったいま、〝うまれる命〟というものの位置づけも線引きも変わってきている。けれど、「子どもがほしい」という気持ちの前においては、それも抗《あらが》えないことのように感じた。

一方で、こんな方もいた。大学で子どもの発達を専門に学び、特別支援学校の教師をされている方で、助産院での出産を希望されていた。助産院での出産というのは、産気づいたら助産院に行って助産師さんの介助で産む場合と、助産師さんが自宅にきてくれて、自宅で産む場合とがある。昔であれば、そうやって産むのはごく普通だったけれど、現在では少数派で、何か問題あったときに医療行為がおこなえる病院で産むのが一般的だ。だから、私は彼女に、なぜ助産院を選んだのかと尋ねてみた。すると、こんな返事が返ってきた。

「特別支援学校で働いていると、障がい児と呼ばれる子が増えているのを感じます。その理由はいくつもあると思いますが、ひとつには、医療の発達や救急体制が整ったおかげで、以前は助からなかった命が助かるようになった、というのもあると思います。助かる命が増えるのは素晴らしいことだけれど、それが影響している部分もないとは言えない気がします。私にとって学校の子どもたちは愛すべき存在で、だからこそ、現状の日本社会では、彼らや彼らの家族が厳しい状況にあるということに心を痛めています」

この方は、自分の子を産む前に、自閉症の男の子を施設から引き取って里親になっている。だから、最初の子育ては、その自閉症のお子さんだった。もちろんそれは今も続いていて、そのお兄ちゃんを長男として、実際に血のつながった息子さんと娘さんが誕生している。その2人のお子さんの出産が、助産院だった。愛情深く聡明な方で、彼女の話はとても興味深かった。

「わが子はどんな子でも愛おしいし、病気のときは医療に頼ります。けれど、せめてうまれるときぐらいは、なるべく医療の介入なしに、私とお腹の子の力で生き抜きたいと思ったんです」

その言葉を聞いたとき、彼女が考え抜いた結果として〝助産院での出産〟に至ったことに深く納得できた。無事に産みたいと思っているのは当然だけれど、もし無事にうまれなかったら……と考えたとき、この方には想像できるケースが山のようにあるわけだから。

前述した〝うまれる命〟とともに、〝自然淘汰〟の意味づけも、医療の進歩とともに変化していく。私たちは、そんなボーダーラインが変わり続ける時代にいるのだろう。そんな中、彼女は自身の出産を通して、かつての時代の〝自然淘汰〟を再現しようとしているように思えた。そして、それは現代では強い意思と覚悟の上でしか成り立たないものなのだと、私は彼女に教わった気がした。かつてはごく当たり前の出産だったとしても、それしかなかった時代と、病院出産という選択肢がある上で選ぶいまとでは、やはり決定的に違うからだ。選ぶという行為が、より重い責任を背負うことになっているように思う。

私も同じ母として、〝無事に産みたい〟という気持ちと〝強くうまれてほしい〟という気持ちの両方がわかる。本来このふたつの思いは、相容れないものではない。むしろ、同じ方向を向いているとも言える。ただ、そのふたつをそれぞれどう捉えるかは、母親が自分で考えなければならない時代なのかもしれない。

妊娠・出産の新技術や新制度のニュースを耳にするとき、私はいろいろな人の顔を思い浮かべながら、追加されていく選択肢が誰かを救ってくれるよう願う。その反面、その選択肢を選ぶ、あるいは選ばないという重責で、母親となる人が押しつぶされないように、とも願う。

撮りながら考えること

出産撮影にひかれる理由は、実際には自分の中で把握できないほどたくさんある気がしている。私は、撮る意味をはっきり感じながら撮り進めるという性分ではない。撮りながら考え、考えながら撮って、それを繰り返しながら、自分の中にあるいくつもの理由を知っていくという具合だ。ただ、その人の素顔に近い姿が見られるというのは、出産撮影をする大きな理由のひとつだと思う。そして、冷静ではいられない、必死な状態だからこそ〝生きている〟と感じさせるものがある。そういう姿に、私は心動かされる。

考えてみれば私たちは、ふだんとても理性的に人と接している。良識に則《のっと》って、相手が嫌な思いをしないよう、自分も嫌な思いをしないよう、うまく振る舞っている。相手に対して恨む気持ちや嫌な感情があったとしても、笑顔で会話していたら、その気持ちに気づかれることはないかもしれない。自分をさらけ出し、感情的につき合うことができるのは、ごく親しい人、つまり家族やパートナーに限られるだろう。

家族の中に入り込んで撮る出産撮影は、そういう意味で、一歩その人の素顔に近づくようなものだ。さらに、出産の現場というのは、妊婦さんが必死で痛みに耐えているときであり、肉体的にも精神的にも余裕がない。他人の私がいようが、もうとりつくろってはいられない。なりふり構わず、必死に痛みをこらえて産もうとする姿や、陣痛の合間にふと見せる笑顔、疲れ果てて意識が遠のいている様子、さらに気持ちの向けどころがなく、ご主人に怒りをぶつける様子さえも、私にはすべて必死に生きている姿に見える。その様子を見守る家族のもどかしさや、喜びや不安の様子からも、また必死さがうかがえる。

〝生きている〟と感じる風景を目の前にして思うことは、〝私も生きよう〟ということだ。出産の最中の母子というのは、ある意味ともに危うい命でもある。生きていて当たり前のように感じられる日常の中で、〝生きているのが当たり前ではない〟と感じるとき、人は本能的に生きようと思うのかもしれない。

私が高校2年のときに、阪神・淡路大震災があった。兵庫県下唯一の美術科のある高校に通っていたので、クラスには神戸方面の子が多かった。当時は携帯電話もなく、担任の先生が自転車で安否確認に行ったことを印象深く覚えている。あのときも、私は〝生きよう〟と思った。それと、似ているかもしれない。親族や知人が亡くなった子や、被害がなかった子など、それぞれ状況は違っていたけれど、当時私たちは箸が転んでもおかしいような年頃で、その後クラスは元気を取り戻していった。けれど、震災以前の自分たちに戻ったわけではなかった。決定的に違っていたのは、ある日突然死ぬこともある、と知ったということ。平和な国にうまれ、当たり前のように平和を享受して暮らしていると、そのことに気づかず生きている自分をときどき感じる。目の前の出産に臨む母子でなくとも、自分の命だって本当はいつだって死と隣り合わせなはずだ。〝生きている〟と私が感じる風景は、生きているのが当たり前ではない風景であり、そういったものを私は撮ろうとしているのかもしれない。

では、今とまったく逆の状況だったらどうだろう、と考える。明日を生きられるかどうかわからないような状況が当たり前だったとしたら、私はどんな写真を撮るのだろうか、と。必死になって生きる人々や緊迫した風景ばかりが目に入ってくるとき、そこで私が手を伸ばし、求める風景とはどんなものだろう。もしかしたら、必死に生きるという日常を撮りながら、その中にある喜びの姿や楽しそうな風景を見つけるのかもしれない。そして、そういう風景を撮りながら〝生きよう〟と思うのかもしれない。

どんな状況のときに、どんなふうに感じ、何を撮ろうとするのか——。実のところ、自分でもわからない。ただ、どんなときも〝生きている〟と感じる姿を見て尊いと思う自分でありたいと思うし、そう感じられる写真が撮れたらと願う。

ースに添付の
お願いします。
り物

私は、出産撮影を正式にお受けするときに、契約書を交わす。

その説明のときに「必ず無事にうまれるわけではないので――」と切り出す箇所がある。撮影上必要なこととはいえ、

普通に考えれば、妊婦さんやそのご家族にとって縁起でもない話だろう。

けれど、ほとんどの方が真剣に聞いてくださる。

むしろ、そこが糸口になって、

妊娠初期の不安や妊娠に至る経緯を話してくださることもある。

それぞれに、誰もが覚悟して産もうとしている。そう感じる機会でもある。

私は、いままでの出産撮影で赤ちゃんが死亡するという場面に立ち会ったことはない。

けれど、いつか遭遇するかもしれないと思っている。

ただ、それ以上のこと、自分の目にどんなふうに映るのか、

自分がどんな感情を持つのか、想像はできないでいる。

舞さんのものがたり

―死産―

2年前、妊娠中の友人から手紙が届いた。そこには、33週でお腹の赤ちゃんが亡くなったと書いてあった。私はその場に座り込み、彼女の書いた文字を読み返した。封筒をもう一度のぞくと、一枚のカードが入っていた。取り出すと、赤ちゃんのモノクロ写真とともに、死産を伝えるための文章が印刷されていた。赤ちゃんはすごく可愛かった。名前はマデリーフちゃんと名づけたとある。オランダ人のご主人と日本人の友人とのハーフで、顔立ちが日本の赤ちゃんとは違う。可愛くて、哀しかった。その赤ちゃんを撮った彼女やご主人の姿を思い浮かべた。これは、写真を見るときの私のクセだ。そうすることで、彼女たちの気持ちが少し想像できるかと思ったのだけれど、当然ながらはかり知れない。ただ、そうしてみることで私の気持ちは少し落ち着いた。

彼女の手紙を何度か読み返しているうちに、彼女の筆跡から文面以上のものを受け取ったような気がした。しっかりした文字だった。彼女と私の間には、時間差があると思った。死産からこの手紙を書くに至るまでの時間差と、手紙を書いてから私に届くまでの時間差。そうすると、また少し気持ちが落ち着いた。私は大きく膨らんだ自分のお腹をさすって、お腹の中を感じようとした。私も妊娠中だった。

その後しばらくしてから、私は電話で彼女と話をした。声は変わらなく感じたけれど、声だけでは彼女の様子が推しはかれず、多くを話せなかった。言葉をやりとりしただけで、何かを聞いたわけではなかったし、何かを話せたわけでもなかった。けれど、最後に彼女はこう言ってくれた。「もしも、私の経験が何かになるのなら、話すから——」と。私のライフワークの撮影を知っているからこそ、言ってくれたのだろう。私は話を聞こうと思った。電話ではなく、メールでもなく、直接顔を合わせて聞きたかった。ただ、今すぐに、とは思えなかった。実際に会って話ができたのは、それからだいぶ経ってからだった。

私はここに、彼女と会ったときのことを記していこうと思う。

友人の舞さんは、フラワーアーティスト。オランダで学んだ経験から、独創的なアレンジをする。その作風から、特別な贈り物として注文する人が多く、クリスマスや母の日近くは仕事の繁忙期。ご主人はオランダ人のクレムさんで、一緒に仕事をしている。そして、2人の間には、第一子であるヨハンくんがいる。

2人の出会いは15年前。11年前に結婚。なかなか妊娠しなかったが、排卵がうまくいかないことがわかり、薬を投与する治療をして妊娠。ヨハンくんがうまれた。

陽だまりのできている窓辺を眺めながら、ゆっくりと笑顔で話し始めてくれた。あちこちに目をやりながら、ときどき遠くを見るような仕草があり、記憶を手繰り寄せているように見えた。

とても活発にお腹の中で動いていたんです。きっとおてんばな娘だろうと思っていました。2人目の子だったから、妊娠中に忙しくても「あなたと一緒にがんばるよ〜」と声をかけていました。その子がお腹にいるときにつくった作品で、最高傑作と思えるものがありました。妊娠中にいろいろな人の愛情を感じ、それと同時に感謝の気持ちがたくさんわいて、それを作品にしたものでした。そんなふうに、お腹の子と私は一心同体のように思っていたんです。

スタッフとミーティングして、母の日に私がいない場合を話し合った次の日の出来事でした。スタッフは「母の日を舞さん不在で乗り切る」と言ってくれて、表向き私は仕事をすることになっていましたが、実際には休養させてもらっていました。その日の夜、お腹の中で激しく3回、赤ちゃんがとても速いスピードでお腹を蹴りました。あまりの速さに驚いて、そのスピードと同じ速さで、自分の手を振りました。33週目のときでした。

このとき、彼女は私の前でも手を3回振った。きっと、これまで何度も繰り返しやったのだろうと思った。何度もやってみながら、お腹の赤ちゃんを知ろうとしたのだろう、と。

翌朝は、「ひさしぶりによく眠れた」と、夫に話しました。その日はあまり気にせず過ごしたけれど、その次の日にはだんだんと、お腹に赤ちゃんをかかえているというより、重石をかかえているように感じてきました。胎動がないかと、1日様子を見て過ごしました。不安が膨らみつつ、時が過ぎていくようでした。

その夜、助産師さんに家にきてもらい、心音を確認してもらいましたが、あのドクドクと響くはずの音がなかなか聞こえません。助産師さんは、機械を当てる位置を変えたりしながら探してくれましたが、とうとう心音は聞こえませんでした。外は冷たい小さな雨が降っていました。助産師さんが「今すぐ病院に行こう」と言いました。時計を見ると夜の10時。近くに住む父に電話して、ヨハンを迎えにきて預かってもらい、助産師さんと夫と私で大きな病院へ行きました。車の中では〝まさか〟という沈黙がありました。やがて、ネットで調べた夫が「助産師さんが心音が聞こえないということは、赤ちゃんは助からない」と静かに言ってくれました。宙に浮かんだような〝まさか〟の中にいた私は、現実に戻りました。もう赤ちゃんは死んでしまったのだ、と。

病院に到着すると、夜勤交代でいつもの先生ではない先生が診てくれました。とても落ち着いたあたたかい先生で「医療の言葉で、心臓が止まっている」という話をされました。そして、これからの話をしてくださいました。死んだ赤ちゃんをお腹の中に入れたままにしておくと母体も危険になるから、出してあげないといけないこと。33週ほどの大きい赤ちゃんは、通常の出産と同じように出すのだということ。赤ちゃん自身の這い出る力が加わらないから、通常の出産よりも、大変になることが多いこと、など。ひとつひとつイメージできるように説明してくださった。

その夜、私はそのまま病院に入院して子宮を広げていく処置を始めました。それから、実家の母に電話しました。「がんばりなさい」と、ひと言励ましてくれました。夫は入院の準備をし、12時頃家に帰りました。「おやすみ」という言葉をかけるのが、お互い精一杯だったかな。それでも病院の変なところを見つけては、「これはおかしいよね！」って笑ったりもしていました。

クレムさんは、おもしろくて素敵な人。日本の〝当たり前〟をいつもおもしろく見ている。同時に、干し柿を袋に入れてトースターに入れるなど（本人いわく、ネズミに食べられないよう仕舞ったのだそう）、日本人には理解しがたい珍行動もあって、笑いの絶えない家族だった。その夜も、日本の病院のおかしなところを発見したのかもしれない。でも、もしかしたら、舞さんに何か声をかけたかったのかもしれない。クレムさんは思慮深い人でもあるから。

夜中はずっと目を閉じたまま、一睡もできませんでした。深夜に見にきてくれた知り合いの看護師さんが、「舞さん、明日はとても特別な日になるよ。赤ちゃんの誕生日でもあり、命日にもなるから、いいものにしましょうね！」と声をかけてくれました。とても大きな力をもらいました。私にできる母としての最後の役目を絶対にいいものにしたい、あの子にしてあげられる最後の仕事だと思いました。

安産でした。マデリーフと名づけました。

すぐに実家の父がやってきて、マデリーフを見て「かわいそうに……」と泣きました。次にヨハンがやってきました。そして、私と一緒にベッドの上に寝ているマデリーフを見ると、急いでベッドに上がってきて「アイ（ヨハン）の妹！」と冷たい頬にキスし、ほっぺを撫でていました。

母は、悲しみのあまり病院へくることができませんでした。そんな母へ「お母さん、こんな悲しみの中でも、絶対に次こそは息のある子を産みたい、そう思うのです。今日は私がうまれてきて一番しあわせで、うまれてきてよかったと思う」とメールしたのを覚えています。

母娘であり、ともに母親でもある2人の心情が見えるようだと思った。お母さんは、孫の命に会えなかった悲しみと同時に、母親である娘が誰よりも辛い思いをしていることに、胸を痛めたに違いない。舞さんもまた、自分が苦しんでいることに胸を痛めるお母さんに、メッセージを伝えたかったのだろう。

火葬するまでの2日間、病院のスタッフの皆さんのお心づかいで、マデリーフを横にずっと寝かせていてくれました。ちいさな冷たい、でもやわらかいマデリーフを撫でながら、子守唄を歌いました。許されたたった2日の時間でしたが、子守唄を歌えることの喜び、おっぱいをあげられることの喜び、傍で眠ることのできる当たり前の日常が、こんなにも特別なことなのだと、あらためて知りました。

お別れして火葬したことは、大きな心の傷として残っています。いまでも、そこから抜け出すことができません。マデリーフという個人の命に会えないと思うと寂しく、辛い気持ちです。とこかでまた会いたい。また同じ命が戻ってきてくれたら、次こそは息のある命を胸に抱いて、たくさんたくさんマデリーフの分まで愛したい。そう思いました。

話を聞きながら、舞さんはマデリーフちゃんといた時間を何度も振り返り、記憶に問い合わせ、揺れながら、この体験を呑み込んでいっているのだと感じた。

２人目の子だったので、これだけ働いても、無理しても大丈夫だろうと、忙しいときも「一緒にがんばろうね〜」と声かけして過ごしていました。亡くなる前の日は、産後復帰したときの半年先の仕事の手配や、寒い中でヨハンを抱っこして署名活動もしていました。マデリーフは、もうお母さんについていけないと思ったのではないかと思います。がんばっても、がんばっても、お母さんに認めてもらえなかったと思ったのではないかと。活動に仕事にとがんばることで、この子を守れなかったのかもしれないと、深く落ち込みました。

舞さんは、忙しくしていてもお腹の赤ちゃんのことを常に考えていたと思う。私の知る限り、舞さんは自分の身体とともにいる赤ちゃんをいたわっていた。けれど、お腹の赤ちゃんが亡くなったことで、それまでの自分を振り返り、〝最善を尽くしたか――〟と、問うたのだろう。そして、頷けない自分がいることを感じたのだろうと思う。33週の赤ちゃんは、舞さんがイメージするように具体的なことを考えることはないだろう。それは、舞さん本人もわかっていることだと思う。それでも、お腹の中で確かにつながって生命活動をしていたことを感じていた舞さんには、何かが伝わったような、何かが伝わってくるような、そういう思いがしたのだろう。

私は流産をしたことがある。初期だったので、舞さんの体験とは全然違うけれど、それでも自責の念というのは少なからずあった。私にしか守れなかったのだから、私のせいだ、と。周囲は誰も私を責めないけれど、子を失った自分が、子を守れなかった自分を責めてしまう。お医者さんは、「赤ちゃんに育つ力がなかった。仕方なかったのだ。自分を責めないように」と言ってくれた。ありがたかったし、実際そうなのだろうと頭では理解した。けれど、〝最初からダメだったんだ〟と思ってしまうようで、少し抵抗もあった。生きようとした、うまれようとしたその子を、母親として認めてあげたかった。そして、絶対忘れないでいようと思った。胎児に感情があるのか、あったとしてどの程度なのか、母を認識したかどうかもわからないけれど、自分のお腹にやってきてくれた命を、どの子も等しく愛したいという、そんな思いを持つのは母親だからだろうか――。

わが家では食事の前に手をつないで歌いますが、ヨハンが毎回「赤ちゃんが死んだ〜」と歌えと言うのです。その度に夫のクレムは泣きながら歌っていました。時間が経ってくると、だいぶ慣れてきて、笑いながら「マデリーフは死んだ〜♪」と歌えるようになっていきました。ヨハンはマデリーフの死を、誰よりも早く事実として受け止めたのだと思います。火葬場に行ったことも、何もかも覚えていて、いまでも話します。夫婦2人だけだったら、きっとこんな歌も歌ってないですし、ヨハンが私たちに現実を受け止めさせてくれたと思っています。すごいですよね。

私の中でうまれ、死んだ、ちいさな子。母として最後に産むことができたのは、本当にしあわせでした。いままで生きてきた中で、最高の日だと思いました。生と死を同時に私の中で体感した、この特別な出会い。私は一生、体の一部として、ともに生きていくのだと感じました。

舞さんは私の前で、笑って、泣いて、また笑って、また泣いて、そんなふうだった。わが子のことを話しているという、そんなお母さんの表情だった。

別れ際、舞さんは「こんなふうに話せる機会はなかなかなくて――、ありがとう」と言ってくれた。私は「こちらこそありがとう」と気持ちを込めて言った。他に言葉が見つからなかった。私は最後に彼女をぎゅっと抱きしめて、もう一度同じ言葉を言った。

マデリーフちゃんの死産から1年半後、
ティネケちゃんがうまれた。

おわりに

〝いろいろな出産がある〟

この本の内容は、そんなひと言で終わってしまうようなものかもしれません。珍しいケースや、特別な出産ばかりを集めた本でもなければ、出産を礼賛する本でもないからです。実際におこなっている私の出産撮影がそうであるように、ひとつひとつは、家族のちいさなものがたりに過ぎません。けれど、そのちいさなものがたりはそれぞれ違っていて、拾い集めていくうちに、ひとつの美しい風景のように見えてきました。その先の風景をもっと見てみたい。そんな気持ちが膨らみつつあります。

今回、この本をつくるにあたり、６つの家族に登場していただきました。出産撮影で実際にお渡ししている写真集は一切言葉の入らないものですが、この本では私からの目線を言葉にして執筆・編集しました。ご協力くださった家族の皆さまに、心から感謝申し上げます。

いまから8年前、初めての単著本を出しました。次男の妊娠期から産後までの間に製

作した本で、とても思い出深いものでしたが、同時に本づくりの難しさも実感しました。大勢の知らない人に向けて書くので、誤解のないように、わかりやすいように整えていくわけですが、その分だけ伝わりにくくなるようでもあり、大きな葛藤がありました。そうして本の製作を終えたとき、自分の価値観が変わりつつあることを感じました。若い頃は〝大勢の人に写真を見てもらう〟ことに価値を感じていましたが、だんだんと〝人の手に残る写真である〟ことに価値を感じるようになってきたのです。そして私は、大勢に向けて見せる写真ではなく、一家族のための写真を撮ることにしました。それが出産撮影の始まりでした。

それが今回、ひとまわり巡って、また同じ出版社から声がかかったのです。しかも、大勢に向けたものではなく、一家族のために撮った写真を今度は書籍にするという提案に、おもしろい因果を感じずにはいられませんでした。声をかけてくださったのは、編集者の蓮見さん。ご自身も子育て中とのことで、とても光栄でした。さらに、若い頃からの友人でもあるデザイナーの不破さんも、このタイミングで妊娠。はからずも、それぞれプロフェッショナルであり、お母さんの気持ちを持ったお2人と、この本づくりをすることになったのです。

かくして、「うまれるものがたり」はうまれました。いや、もしかすると、これから書店に並ぶという意味では、まだうまれる前夜というところかもしれません。この本は、読む人の経験によって、感じることに大きな違いが出ると想像します。私がそうであったように、切ない気持ちを思い出される方もいらっしゃるかもしれません。それでもなお、この本が多くの人の手に届き、赤ちゃんと向き合う隣人を知るきっかけになればと願います。

うまれる ものがたり

2016年1月20日　初版第1刷発行

著者　繁延 あづさ
発行者　滝口 直樹
発行所　株式会社マイナビ出版
〒101-0003
東京都千代田区一ツ橋2-6-3　一ツ橋ビル2F
TEL：0480-38-6872（注文専用ダイヤル）
TEL：03-3556-2731（販売部）
TEL：03-3556-2736（編集部）
E-mail：pc-books@mynavi.jp
URL：http://book.mynavi.jp

デザイン　不破 朋美（POWDER ROOM）
山﨑 まなみ（POWDER ROOM）
イラスト　筧 有子
編集　山本 雅之（マイナビ出版）
蓮見 紗穂
印刷・製本　大日本印刷株式会社
印刷ディレクター　岡田 昌樹（大日本印刷株式会社）
印刷コーディネーター　桒原 亜希子（大日本印刷株式会社）

繁延 あづさ（しげのぶ・あづさ）

1977年、兵庫県姫路市うまれ。県立明石高校美術科を卒業したのち、桑沢デザイン研究所を卒業。フォトグラファーとして雑誌や広告の写真撮影や執筆、カメラ教室の講師をするとともに、ライフワークとして出産撮影に取り組んでいる。著書に『写真の撮り方手帖〜たいせつなもの、撮ろう〜』（毎日コミュニケーションズ 出版事業本部［現マイナビ出版］）、『カメラ教室 〜子どもとの暮らし、撮ろう〜』（翔泳社）がある。現在は夫、3人の子どもと長崎県で暮らしている。

ありがとう！

山口家の皆様、藤原家の皆様、古賀家の皆様、島村家の皆様
松本家の皆様、ヒームストラ家の皆様、目白バースハウス、
さくらの里助産院

ISBN978-4-8399-5746-9 C2077
Printed in Japan